世紀對話

獻給昨日、今日和明日的孩子

姜心如
竹平表妹 贈 12.2009

親愛的安德烈

兩代共讀的36封家書

龍應台 安德烈 合著

認識一個十八歲的人

我離開歐洲的時候，安德烈十四歲。當我結束台北市政府的工作，重新有時間過日子的時候，他已經是一個十八歲的青年，一百八十四公分高，有了駕照，可以進出酒吧，是高校學生了。臉上早沒有了可愛的「嬰兒肥」，線條稜角分明，眼神寧靜深沈，透著一種獨立的距離，手裡拿著紅酒杯，坐在桌子的那一端，有一點「冷」地看著你。

我極不適應——我可愛的安安，哪裡去了？那個讓我擁抱、讓我親吻、讓我牽手、讓我牽腸掛肚、頭髮有點汗味的小男孩，哪裡去了？

我走近他，他退後；我要跟他談天，他說，談什麼？我企求地追問，他說，我不是你可愛的安安了，我是我。

我想和他說話，但是一開口，發現，即使他願意，我也不知說什麼好，因為，十八歲的兒子，已經是一個我不認識的人。他在想什麼？他

怎麼看事情？他在乎什麼，不在乎什麼？他喜歡什麼討厭什麼，他為什麼這樣做那樣做，什麼使他尷尬什麼使他狂熱，我的價值觀和他的價值觀距離有多遠……我一無所知。

他在德國，我在香港。電話上的對話，只能這樣：

你好嗎？

好啊。

學校如何？

沒問題。

…………

假期中會面時，他願意將所有的時間給他的朋友，和我對坐於晚餐桌時，卻默默無語，眼睛，盯著手機，手指，忙著傳訊。

我知道他愛我，但是，愛，不等於喜歡，愛，不等於認識。愛，其實是很多不喜歡、不認識、不溝通的藉口。因為有愛，所以正常的溝通彷彿可以不必了。

不，我不要掉進這個陷阱。我失去了小男孩安安沒有關係，但是我可以認識成熟的安德烈。我要認識這個人。

我要認識這個十八歲的人。

於是我問他，願不願意和我以通信的方式共同寫一個專欄。條件是，一旦答應，就絕不能半途而廢。

他答應了。我還不敢相信，多次追問，真的嗎？你知道不是鬧著玩的，截稿期到了，天打雷劈都得寫的。

我沒想到出書，也沒想到有沒有讀者，我只有一個念頭：透過這個方式，我或許可以進入一個十八歲的人的世界。

因此，當讀者的信從世界各地湧入的時候，我確實嚇了一跳。有一天，在台北一家書店排隊付帳的時候，一個中年男人走過來跟我握手，用低沈的聲音說，「如果不是你的文章，我和我兒子會形同陌路，因為我們不知道怎麼和對方說話。」他的神情嚴肅，眼中有忍住的淚光。

很多父母和他一樣，把文章影印給兒女讀，然後在晚餐桌上一家人打開話題。美國和加拿大的父母們來信，希望取得我們通信的英文版，以便他們在英語環境中長大的孩子們能與他們分享。那做兒女的，往往自己已是三、四十歲的人了，跟父母無法溝通；雖然心中有愛，但是愛，凍結在經年累月的沈默裡，好像藏著一個疼痛的傷口，沒有紗布可綁。

這麼多的信件，來自不同的年齡層，我才知道，多少父母和兒女同

處一室卻無話可談，他們深愛彼此卻互不相識，他們嚮往接觸卻找不到橋梁，渴望表達卻沒有語言。我們的通信，彷彿黑夜海上的旗語，被其他漂流不安、尋找港灣的船隻看見了。

寫作的過程，非常辛苦。安德烈和我說漢語，但是他不識中文。所以我們每一篇文章都要經過這幾道程序：

一，安德烈以英文寫信給我。他最好的文字是德文，我最好的文字是中文，於是我們往前各跨一步，半途相會——用英文。

二，我將之譯成中文。在翻譯的過程中，必須和他透過越洋電話討論——我們溝通的語言是漢語：這個詞是什麼意思？為何用這個詞而不用那個詞？這個詞的德文是哪個？如果第二段放在最後，是不是主題更清楚？我有沒有誤會你的意思？中文的讀者可能無法理解你這一個論點，可否更細地解釋？

三，我用英文寫回信，傳給安德烈看，以便他做答。

四，我將我的英文信重新用中文寫一遍——只能重寫，不能翻譯，翻譯便壞。

四道程序裡，我們有很多的討論和辯論。我常批評他文風草率，

「不夠具體」，他常不耐我吹毛求疵，太重細節。在寫作的過程裡，我們人生哲學的差異被凸顯了：他把寫作當「玩」，我把寫作當「事」。我們的價值觀和生活態度，也出現對比：他有三分玩世不恭，二分黑色幽默，五分的認真；我有八分的認真，二分的知性懷疑。他對我嘲笑有加，我對他認真研究。

認識一個十八歲的人，你得從頭學起。你得放空自己。

專欄寫了足足三年，中間有多次的拖稿，但總算堅持到有始有終。寫信給他的年輕讀者有時會問他：「你怎麼可能跟自己的母親這樣溝通？怎麼可能？」安德烈就四兩撥千金地回信，「老兄，因為要賺稿費。」

我至今不知他當初為何會答應，心中也著實覺得不可思議他竟然真的寫了三年。我們是兩代人，中間隔個三十年。我們也是兩國人，中間隔個東西文化。我們原來也可能在他十八歲那年，就像水上浮萍一樣各自蕩開，從此天涯淡泊，但是我們做了不同的嘗試——我努力了，他也回報以同等的努力。我認識了人生裡第一個十八歲的人，他也第一次認識了自己的母親。

日後的人生旅程，當然還是要漂萍離散——人生哪有恆長的廝守？但是三年的海上旗語，如星辰凝望，如月色滿懷，我還奢求什麼呢。

謝謝你

親愛的MM，我們的書要出版了——不可思議吧？那個老是往你床上爬的小孩，愛聽鬼故事又怕鬼、怕閃電又不肯睡覺的小孩，一轉眼變成一個可以理性思考、可以和你溝通對話的成人，儘管我們寫的東西也許有意思，也許沒有意思。

你記得是怎麼開始的嗎？

三年前，我是那個自我感覺特別好的十八歲青年，自以為很有見解，自以為這個世界可以被我的見解改變。三年前，你是那個跟孩子分開了幾年而愈來愈焦慮的母親。孩子一直長大，年齡、文化和兩地分隔的距離，使你強烈地感覺到「不認識」自己進入成年的兒子。我們共同找出來的解決問題方法，就是透過寫信，而這些信，雖說是為了要處理你的焦慮的，一旦開始，也就好像「猛獸出閘」，我們之間的異議和情

緒，也都被釋放出來，浮上了表面。

這三年對話，過程真的好辛苦：一次又一次的越洋電話、一封又一封的電子郵件、很多個深夜凌晨的線上對談、無數次的討論和爭辯——整個結果，現在呈現在讀者眼前。你老是囉唆我的文字風格不夠講究，老是念念念「截稿期到了」，老是要求我一次又一次地「能不能再補充一點細節」。其實，有時候我覺得我寫得比你好！

現在三年回頭，我有一個發現。

寫了三年以後，你的目的還是和開始時完全一樣——為了了解你的成人兒子，但是我，隨著時間，卻變了。我是逐漸、逐漸才明白你為什麼要和我寫這些信的，而且，寫了一段時間以後，我發現自己其實還滿樂在其中的，雖然我絕對不動聲色。

開始的時候，只是覺得自己有很多想法，既然你給我一個「麥克風」，我就把想法大聲說出來罷了。到後期，我才忽然察覺到，這件事有一個更重大的意義：我跟我的母親，有了連結，而我同時意識到，這是大部分的人一生都不會得到的分，我卻有了。我在想：假使我們三年前沒開始做這件事，我們大概就會和絕大多數的人一樣只是繼續過日子，繼續重複那每天不痛不癢的問候：吃了嗎——嗯，功課做了嗎——嗯，沒和弟弟吵架吧——沒，不缺錢用吧——嗯……。

三年，真的不短。回頭看，我還真的同意你說的，這些通信，雖然是給讀者的，但是它其實是我們最私己、最親密、最真實的手印，記下了、刻下了我們的三年生活歲月——我們此生永遠不會忘記的生活歲月。

在這裡，因此我最想說的是，謝謝你，謝謝你給了我這個「分」——不是出書，而是，和你有了連結的「分」。

目錄

第*1*封信

十八歲那一年

親愛的安德烈：

你在電話上聽起來上氣不接下氣：剛剛賽完足球才進門，晚上要和朋友去村子裡的酒吧聊天，明天要考駕照，秋天會去義大利，暑假來亞洲學中文，你已經開始瀏覽大學的入學資料……。

「可是，我真的不知道將來要做什麼，」你說，「ＭＭ，你十八歲的時候知道什麼？」

安德烈，記得去年夏天我們在西安一家回民飯館裡見到的那個女孩？她從甘肅的山溝小村裡來到西安打工，一天工作十幾個小時，一個月賺兩百多塊，寄回去養她的父母。那個女孩衣衫襤褸，神情疲憊，髒髒的辮子垂到胸前。從她的眼睛，你就看得出，她其實很小。十六歲的她，知道些什麼，不知道些什麼？你能想像嗎？

十八歲的我知道些什麼？不知道些什麼？

我住在一個海邊的漁村裡，漁村只有一條窄窄馬路；上班上課的時候，客運巴士、摩托車、腳踏車、賣菜的手推車橫七豎八地把馬路塞得水洩不通，之後就安靜下來，老黃狗睡在路中間，巷子裡的母豬也挨挨擠擠帶著一隊小豬出來遛達。海風吹得椰子

樹的闊葉刷刷作響。海水的鹽分摻雜在土裡，所以椰子樹的樹幹底部裹着一層白鹽。

我不知道什麼叫高速公路。二十三歲時到了洛杉磯，在駛出機場的大道上，我發現，對面來車那一列全是明晃晃的白燈，而自己這條線道上看出去，全是車的尾燈，一溜紅燈。怎麼會這樣整齊？我大大地吃驚。二十三歲的我，還習慣人車雜沓、雞鴨爭道的馬路概念。

我不知道什麼叫下水道。颱風往往在黑夜來襲，海嘯同時發作，海水像一鍋突然打翻了的湯，滾滾向村落捲來。天亮時，一片汪洋，鍋碗瓢盆、竹凳竹床漂浮到大廟前，魚塭裡養著的魚蝦也游上了大街。過幾天水退了，人們撩起褲腳清理門前的陰溝。自溝裡挖出油黑黏膩的爛泥，爛泥裡拌著死雞死狗死魚的屍體，整條街飄着腐臭腥味。然後太陽出來了，炎熱毒辣的陽光照在開腸破肚的陰溝上。

我沒有進過音樂廳或美術館。唯一與「藝術」有關的經驗就是廟前酬神的歌仔戲。老人坐在凳子上搧扇子，小孩在廟埕上追打，中年的漁民成群的蹲在地上抽菸，音樂被劣質的擴音器無限放大。

漁村唯一的電影院裡，偶爾有一場歌星演唱。電影院裡永遠有一股尿騷，揉著人體酸酸的汗味，電風扇嘎嘎地響著，孩子踢著椅背，歌星不斷地說黃色笑話，賣力地唱。下面的群眾時不時就喊，扭啊扭啊，脫啊脫啊。

游泳池？沒有。你說，我們有了大海，何必要游泳池。可是，安德烈，大海不是拿來游泳的；台灣的海岸線是軍事防線，不是玩耍的地方。再說，沙灘上是一座又一座的垃圾山。漁村沒有垃圾處理場，人們把垃圾堆到空曠的海灘上去。風刮起來了，「噗」一下，一張骯髒的塑膠袋貼到你臉上來。

我也不知道，垃圾是要科學處裡的。

離漁村不遠的地方有條河，我每天上學經過都聞到令人頭暈的怪味，不知是什麼。多年以後，才知道那是人們在河岸上焚燒廢棄的電纜；我聞到的氣味是「戴奧辛」的氣味，那個村子，生出很多無腦的嬰兒。

我不知道什麼叫環境污染，不知道什麼叫生態破壞。

上學的時間那樣長，從清晨六點出門候車到晚上七、八點天黑回家，星期六都要上課，我們永遠穿著白衣黑裙，留著齊耳的直髮。我不知道什麼叫時尚、化妝、髮型，因此也不知道什麼叫

消費。是的，我沒有逛過百貨公司。村子裡只有漁民開的小店，玻璃櫃裡塞得滿滿的：小孩的襪子、學生的書包、老婆婆的內褲、女人的奶罩和男人的汗衫，還附帶賣斗笠、塑膠雨鞋和指甲刀。

我的十八歲，安德烈，是一九六九、七〇年的台灣。你或許驚訝，說，MM，那一年，阿波羅都上了月球了，你怎麼可能這樣完整地什麼都「不知道」？

不要忘記一個東西，叫「城鄉差距」；愈是貧窮落後的國家，城鄉差距愈大。我的經驗是，一個南部鄉下漁村的經驗和當時的台北是很不一樣的。更何況，當時的台北也是一個閉塞的小城啊。全台灣的人口一千四百萬，國民平均所得只有二百五十八美元。台灣，還屬於所謂「第三世界」。

我要滿十八歲的時候，阿波羅登上月球，美國和越南的軍隊侵入高棉，全美爆發激烈的反越戰示威，俄亥俄州有大學生被槍殺；德國的布朗德總理上台，到華沙屈膝下跪，求歷史的寬赦；日本赤軍連劫機到了北韓而三島由紀夫自殺。還有，中國的文革正在一個恐怖的高潮。這些，我都很模糊，因為，安德烈，我們家，連電視都沒有啊。即使有，也不見得會看，因為，那一年，

我考大學；讀書就是一切，世界是不存在的。

我要滿十八歲的時候，台灣高速公路基隆到楊梅的一段才剛開始動工。台獨聯盟在美國成立，蔣經國遇刺，被關了近十年的雷震剛出獄，台南的美國新聞處被炸，我即將考上的台南成功大學爆發了「共產黨案」，很多學生被逮捕下獄。保釣運動在美國開始風起雲湧。

那一年，台灣的內政部公布說，他們查扣了四百二十三萬件出版品。

但是這一切，我知道得很少。

你也許覺得，我是在描繪一個黯淡壓抑的社會，一個愚昧無知的鄉村，一段浪費的青春，但是，不那麼簡單，安德烈。

對那裡頭的許多人，尤其是有個性有思想的個人，譬如雷震、譬如殷海光——你以後會知道他們是誰——生活是抑鬱的，人生是浪費的。可是整個社會，如果歷史拉長來看，卻是在抑鬱中逐漸成熟，在浪費中逐漸累積能量。因為，經驗過壓迫的人更認識自由的脆弱，更珍惜自由的難得。你沒發現，經過納粹歷史的德國人就比一向和平的瑞士人深沈一點嗎？

那個「愚昧無知」的鄉村對於我，究竟是一種剝奪還是給

予？親愛的安德烈，十八歲離開了漁村，三十年之後我才忽然明白了一件事，明白了我和這個漁村的關係。

離開了漁村，走到世界的天涯海角，在往後的悠悠歲月裡，我看見權力的更迭和黑白是非的顛倒，目睹帝國的瓦解、圍牆的崩塌，更參與決定城邦的興衰。當價值這東西被顛覆、被滲透、被構建、被解構，被謊言撐托得理直氣壯、是非難分的地步時，我會想到漁村裡的人：在後台把嬰兒摟在懷裡偷偷餵奶的歌仔戲花旦、把女兒賣到「菜店」的阿婆、那死在海上不見屍骨的漁民、老是多給一塊糖的雜貨店老闆、騎車出去為孩子借學費而被火車撞死的鄉下警察、每天黃昏到海灘上去看一眼大陸的老兵、笑得特別開暢卻又哭得特別傷心的阿美族女人……這些人，以最原始、最真實的面貌存在我心裡，使我清醒；彷彿是錨，牢牢定住我的價值。

那「愚昧無知」的漁村，確實沒有給我知識，但是給了我一種能力，悲憫同情的能力，使得我在日後面對權力的傲慢、欲望的囂張和種種時代的虛假時，仍舊得以穿透，看見文明的核心關懷所在。你懂嗎，安德烈？

同時我看見自己的殘缺。十八歲時所不知道的高速公路、

下水道、環境保護、政府責任、政治自由等等，都不難補課。但是生活的藝術，這其中包括品味和態度，是無法補課的。音樂、美術在我身上仍舊是一種知識範圍，不是一種內在涵養。生活的美，在我身上是個要時時提醒自己去保持的東西，就像一串不能遺忘的鑰匙，一盆必須每天澆水的植物。但是，生活藝術更應該是一種內化的氣質吧？它應該像呼吸，像不自覺地舉手投足。我強烈地感覺自己對生活藝術的笨拙；漁村的貧乏，造成我美的貧乏。

而你們這一代，安德烈，知道什麼、不知道什麼？網絡讓你們擁有廣泛的知識，富裕使你們精通物質的享受，同時具備藝術和美的薰陶。我看你和你的同學們會討論美國入侵伊拉克的正義問題，你們熟悉每一種時尚品牌和汽車款式，你們很小就聽過莫札特的「魔笛」、看過莎士比亞的「李爾王」、去過紐約的百老匯、欣賞過台北的「水月」也瀏覽過大英博物館和梵諦岡教堂。你們生活的城市裡，有自己的音樂廳、圖書館、美術館、畫廊、報紙、游泳池，自己的藝術節、音樂節、電影節……。

你們這一代簡直就是大海裡鮮豔多姿的熱帶魚啊。但是，我思索的是：在這樣的環境中成長，你們這一代「定錨」的價值是

什麼？終極的關懷是什麼？你，和那個甘肅來的疲憊不堪的少女之間，有沒有一種關聯？我的安德烈，你認為美麗的熱帶魚游泳也要在乎方向嗎？或者，你要挑釁地說，這是一個無謂的問題，因為熱帶魚只為自己而活？

M.M.

2004.05.12

第2封信

為誰加油？

親愛的安德烈：

不久前，五十個中國的奧運金牌運動員到了香港，香港萬人空巷地去迎接他們。朋友和我在電視新聞裡看到這樣的鏡頭，她一面吃香蕉一面說，「龍應台，德國隊比賽的時候，你為他們加油嗎？」

我想了想，回答不出來。德國，我住了十三年的地方，我最親愛的孩子們成長的家鄉，對於我是什麼呢？

她不耐煩了，又問，「那……你為不為台灣隊加油啊？」

我又開始想，嗯，台灣隊……不一定啊。要看情形，譬如說，如果台灣隊是跟尼泊爾或者伊拉克或者海地比賽，說不定我會為後者加油呢，因為，這些國家很弱勢啊。

朋友笑了，「去你的世界公民，我只為中國隊加油。」

她兩個月前才離開中國。

為什麼我這麼猶豫，安德烈？是什麼使得我看什麼金牌都興奮不起來？電視上的人們單純、熱烈，奮力伸出手，在擁擠得透不過氣來的人堆裡，試圖摸到運動員的手。我想的卻是：這五十個金牌運動員，在香港大選前四天，被北京「派」到香港來做宣

傳，為「保皇黨」拉票，簡直就是政治工具，他們自己清楚嗎？或說，他們在乎嗎？

你說，為台灣隊加油的激情到哪兒去了？難道世界公民主義真的可以取代素樸的民族主義或者社群情感？怎麼我對「民族」這東西感覺這麼冷？從小到大，我們被教導以做中國人為榮，「為榮」和「為恥」是連在一起的。我當年流傳很廣的一篇文章叫做「中國人你為什麼不生氣」，一位有名的前輩寫的是「醜陋的中國人」，批判的都是我們自己。然後，隨著獨立意識的抬頭，「中國人」這個詞不「正確」了，不能用了。政治上，這不稀奇，任何「獨立建國」的追求過程裡，都會出現這種現象。但是現在的台灣很尷尬，因為獨立不獨立還沒有共識，文化的尷尬就常出現，譬如說，講「勤儉是中國人的傳統美德」或者「中秋和七夕蘊含著中國人的民族美學」時，你會句子講一半就，嗯，卡住了，不知怎麼講完這個句子，因為，說，「勤儉是台灣人的傳統美德」，怪怪的，難道只有台灣人勤儉？說，「中秋和七夕蘊含著台灣人的民族美學」，怪怪的，好像偷了別人的東西似的。於是有很多習慣性、概括性句子不能說了。

前幾天在電視新聞裡還看見一個台灣的部長，正要讚美工程

人員的認真辛勞，他脫口而出「我們中國人……」然後一副要天打雷劈的樣子，馬上中途截斷，改口「我們台灣人」。看他懊惱的樣子，心裡一定在掌自己的嘴巴。

我的「冷」來自哪裡？老實說，安德烈，做為這個歷史座標點上的台灣人，「民族主義」使我反胃——不管它是中國民族主義還是台灣民族主義。你知道，一個被長年過度灌食某種飼料的人，見到飼料都想吐。我們都被灌得撐了，被剝奪的，就是一份本來可以自自然然、單單純純的鄉土之愛，純潔而珍貴的群體歸屬感。它一經操弄就會變形。

但是，有一個相反的東西卻使我很清楚地看見自己的歸屬：恥感。當代表我的總統跑到國際的舞台上，要的卻是國內的政治鬥爭，我覺得羞恥。當台灣的商人跑到貧窮的國家訪問，把鈔票拋向空中讓赤腳的孩子去搶，而他在一旁哈哈大笑，我覺得羞恥。當國際新聞報導台灣在中國和東南亞的製造工廠如何不人道地虐待工人，我覺得羞恥。當台灣的外交部長在國際的舞台上說出不堪入耳的髒話（他說新加坡 licking the balls of China——這是最正確的翻譯），我覺得羞恥。最讓我覺得羞恥的，是讀到台灣人如何虐待越南和中國的新娘，或是泰國、印尼的勞工。

這份羞恥，使我知道我是台灣人。

美國出兵伊拉克那幾天，我出席了一個宴會。賓客來自很多不同國家。有一個人被介紹時，主人隨口加了一句，「斯蒂夫是美國人。」斯蒂夫一聽，深深一鞠躬，說，「對不起。」他很認真地說，「對不起。」沒解釋他為什麼這樣說，但是大家彷彿都懂了。那是一種恥感。觥籌交錯之間，一時安靜下來。

我想，他大概也不會只要是美國隊就瘋狂喊加油吧。

我們這一代人，因為受過「國家」太多的欺騙，心裡有太多的不信任，太多的不屑，太多的不贊成，對於所謂國家，對於所謂代表國家的人。

所以，十八歲的安德烈，請你告訴我，你，為德國隊加油嗎？「德國」對你意味著什麼？德國的歷史，它的土地、風景、教堂、學校，對你的意義是什麼？你以馬丁路德、以歌德、以尼采、以貝多芬為榮嗎？希特勒的恥辱是不是你的恥辱？你，還有你十八歲的朋友們，已經能自由地擁抱「德國」這個概念嗎？或者，因為歷史給了你們「過度膨脹的」罪感和恥感，押著你們遠離「德國」這個概念，反而又造成另外一種不安和尷尬？

歐洲已經是深秋，森林都變金黃色了吧？我們這兒已是中秋

了，海上的月光一天比一天亮。

喔，孩子，答應我，踢完球滿頭大汗時，不要直接吹風。

M.M.

2004.10.04

第3封信

逃避國家

MM：

記得兩年前，我和朋友擠在法蘭克福中心的「羅馬廣場」上——起碼有五千人擠進了那個小廣場。我們用力揮舞手裡一支巨大的國旗，五千人在等候從韓國和日本參加世界盃足球賽回國的德國國家隊。五千個人唱歌、鼓掌、跳躍，有人流下眼淚。

在那之前的一個禮拜，我們守在廣場上，大概也有一千多人，守在廣場上一個超大螢幕前看決賽。所有的人都在喊，在唱，在哭，在笑。

這感覺好奇怪——好像突然之間，做為「德國人」是件被容許的事。更奇怪的，你竟然還可以流露出你的身分和你的感情來。

從哪裡說起呢，MM？你知道爸爸是挺「愛國」的——你曾經不以為然；而他的愛國，我想和爺爺有關。爺爺，他的父親，隨着德國部隊在蘇聯戰場打過仗，而爸爸的叔叔，在從列寧格勒撤退的冰天雪地裡失蹤。所以我其實受到爸爸某個程度的影響，可以說是「以德國為榮」的。但是因為納粹的歷史，我很小很小的時候，就知道這種「榮」的情感是「錯誤」的，是不可以流露

出來的。你記不記得，我小學的時候就很喜歡看各種統計指標，每次看到在什麼指標上德國被列入世界前十名，就很高興，甚至還包括什麼「欠債最多」前十名，我也覺得光榮，反正不懂。

所以從小，一方面在心裡關心自己的國家，為德國驕傲，另一方面又要表現得很冷漠、很不屑；像拔河一樣，有一種緊張，要小心翼翼才能不說錯話。覺得德國是個不錯的國家這種感覺是

波士頓時間晚上 6：30
法蘭克福時間凌晨 1：30

路：昨晚，一個朋友還在說我們這一代好像很失落，怎麼定義自己都不知道。二、三〇年代是「失落的一代」，四〇年代是「戰爭的一代」，五〇年代是「beatniks」，六〇年代是嘻皮，七〇年代是「funkies」，八〇年代是「punk」（還有嘻哈），九〇年代是「rap」，而我們是什麼？

安：可是自己本來就不可能給自己下定義啊。我們這一代缺乏叛逆、缺乏冒險，倒是真的。我們大多在舒適、有教養的家庭裡長大，沒有什麼真正的痛苦或艱難，也就沒什麼真實的挑戰……生活太安逸了，使我們找不到需要叛逆、可以冒險的東西。

路：我們怎麼看自己──還是媒體在塑造我們怎麼看自己？缺叛逆、缺冒險，會不會也是因為主流媒體只會報導「不叛逆、不冒險」的主流價值？美國媒體都是大財團控制的。

安：但是我們究竟能對什麼叛逆或反抗呢？你們美國人可能有對象──你們有個布希總統，歐洲這邊沒有。

路：可是我們得找到自己的身分認同啊。不過，沒有衝突，就找不到認同。

安：需要身分認同嗎？

路：當然。

安：為什麼？

路：因為……心理學家是這麼說的。

安：我要知道「你」怎麼說。

路：我覺得很重要。

安：為什麼？

路：譬如說，我認識一個黑白混血兒，她卡在兩個種族和文化之間，就很茫然。很多年輕人，為了要有歸屬感，就加入犯罪團體；即使是個犯罪團體，他也要有歸屬。

安：很糟的是，這個社會常常強迫你選邊。

路：對。安德烈，我問你，做德國人是不是比較累？

安：不久前我去看一場國際足球賽。德國隊踢進一球，群眾跳起來，又唱又喊，我聽見他們混聲唱的是，「德國人，站起來！德國人，站起來！」我嚇一大跳。其實他們唱的完全是一般比賽時加油的歌，譬如柏林跟法蘭克福對決的時候，你可能唱「柏林人，站起來！」因為是國際比賽，所以「柏林

沒有人敢顯露、大家都要藏起來的。在別的國家你常看到國旗，德國很少；我們也沒唱過國歌。我記得，MM，當你發現我們小學的開學典禮在教堂裡舉行，你大吃一驚，說，不是政教分離嗎，怎麼開學典禮在教堂舉行？

我想過這問題，MM。那是因為，德國人逃避「國家」這個東西，以至於宗教都顯得比較「安全」。逃避「政」，所以「教」就凸顯了。

在這種與「國家」保持距離的文化和教育中長大，我看見它的優點：我們這一代人身上，真的很少很少愛國宣傳的影響——政客要操弄我們太不容易了；當你對「國家」抱著一種不信任的態度的時候，你比較能夠冷靜地去分析它的問題所在。

可是最近幾年，年輕人，我這一代人，對這種老是小心翼翼、老是低着頭怕做錯事說錯話、老是要保持「政治正確」的行為和思維模式，開始覺得受不了了，煩了。很多年輕人開始說：為什麼我不能跟別人一樣？我要做我自己想做的，說我自己想說的，讓我自由吧，我受夠了——這包括，我還要努力假裝「以身為德國人為恥」多久？

我不是社會學家，但是我覺得，世界盃足球賽對德國的集體

人，站起來」自然就變成「德國人，站起來」，可是我當下卻覺得，哇，很不習慣，渾身不自在。好奇怪。

路：你馬上想到納粹？

安：正是。

路：你們在學校裡教很多納粹那段歷史？

安：從小學就教，教了又教，教了又教。我問你，球賽散後，假如馬路上晃過來50個興奮的美國人，大喊大唱「美國第一」、「美國萬歲」的時候，你會想什麼？

路：我會想，哼，典型美國人。不過，英國球迷也會這樣。

安：對。

如果這樣大喊大唱晃過來的——是50個德國人呢？

路：……我明白你的意思了。

安：如果是50個德國人在街上大唱「德國第一」、「德國萬歲」，會把人給嚇死，第二天可以上《紐約時報》了，對吧？

路：明白。

安：你怎麼界定自己是「美國人」？

路：這太難答了。我不喜歡美國人。

安：那麼你認同什麼？

路：我認同我的同代人，和國籍無關。

安：那麼有哪些特質使你的這一代人是「美國人」呢？世界第一強國的年輕人，怎麼理解他自己，還有他跟這個世界之間的關係？

路：我其實跟美國文化很疏離。朋友裡頭關心政治的很少很少。他們說他們反對布希，事實上那樣說也只是為了表現自己「酷」。反布希是流行的。年輕人每個都反，除非你是個基督徒或是好戰主義者。

安：你是說，年輕人不知道去認同什麼價值？

路：美國是強國，強國的意思就是我們可以對政治、經濟、國際情勢一概不知道，反正承受得起，天塌下來有人撐着。我覺得美國青年的悲哀就是這個，我們對世界完全淡漠，只關心自己的小圈。

安：嗯，這恐怕是所有富國的共同特徵吧。☺

意識有巨大影響。譬如說，在一九五四年的世界盃比賽裡，德國出乎意料地贏了當時一直稱霸的瑞士隊。你想想一九五四年的德國人自信心多麼低落，自我感覺多麼壞啊，二戰的失敗和羞辱才結束沒多久。這場比賽使德國人重新發覺，咦，我沒那麼爛，我竟然還可以啊。

這一、兩年來，我有個感覺，好像德國文化像浪頭一樣起

來——我說的當然是流行音樂、時尚、電影等等通俗文化。好萊塢文化本來籠罩一切，但是最近，突然有好多德國電影，譬如「再見列寧」，還有「曼尼圖的鞋子」，大大走紅。一群很年輕、很傑出的德國演員，突然出現。還有流行音樂，本來只聽美國音樂的我們，也開始注意德國的創作了。

我得走了，因為練球的時間到了。不是我自己踢，每個星期六是我當教練。你不要笑，MM，這群孩子足球員，我從他們四歲開始教，現在他們六歲了，可愛死了，而且訓練他們踢球能讓我自己放鬆，忘記功課的壓力。跟他們一起使我很快樂，更何況，我覺得我對他們有責任呢。

給你「偷窺」一下我和一個美國朋友昨晚的的網上交談，你可能覺得有一點意思。路易斯跟我同年，在波士頓讀大一。

Andreas
2004.10.05

讀者來信

龍老師：

讀安德烈對於認同的描述，我很震驚，原來認同是這麼複雜的一件事。像剝洋蔥一樣，你可以一層層往裡面剝而一直看不到最核心。你說，「我們這一代人，因為受過『國家』太多的欺騙，心裡有太多的不信任，太多的不屑，太多的不贊成」，也使我震動。在香港殖民地長大，我對「國家」有過任何信任嗎？

來美國近兩年了。這裡的人，絕大多數分不清中國人、香港人、台灣人的差別。但是正因為離開了香港，我更清楚地感覺到自己是香港人的這種身分。九七之前，我應該是英國人，但我不覺得自己是英國人；九七之後，我應該是中國人，但我也不覺得自己是中國人。最有意思也是最令人迷惑的是，現在的港人對香港的認同可能是有史以來最強烈的，然而我們卻是個沒有「國」的概念的人。

有沒有「國」是一件事，你對政策有沒有決定權是另一件事。香港人沒把這兩件事併起來談，因為，不敢談。要談下去，就變成談「獨立」了。

我變了。看見我無法認同的事情在香港發生，我不作聲。想對一個可憎的白人說聲「幹」，我禮貌地不說。我明明看見問題所在，卻保持靜默——這真的不是原來的我。我討厭這樣的自己。

A．M

第*4*封信

年輕卻不清狂

MM：

信遲了，因為我和朋友們去旅行了三個禮拜。不要抱怨啦，兒子十八歲了還願意跟你寫信，你也應該夠滿足了，尤其你知道我從小就懶。好，跟你報告一下我的生活內容吧，也免得你老囉唆說我們愈來愈疏離。

可我馬上陷入兩難：我們去了地中海的馬爾他島和巴塞隆納，但我真的能告訴我媽我們幹了什麼嗎？你——身為母親——能不能理解、受不受得了歐洲十八歲青年人的生活方式？能，我就老老實實地告訴你。沒錯，青春歲月，我們的生活信條就是俗語所說的，「性、藥、搖滾樂」。只有偽君子假道學才會否定這個哲學。

德語有個說法：如果你年輕卻不激進，那麼你就是個沒心的人；如果你老了卻不保守，那麼你就是個沒腦的人。

我接到一封讀者來信。一個十八歲的香港女生問我時間是怎麼花的，我讀什麼書、想什麼議題、朋友相聚時討論什麼話題等等。我嚇一跳，嘿，她真以為我是個虛矯的知識分子？我當然偶爾會去思考一些嚴肅的大問題——一個月裡有五分鐘吧，當我無

收件人：Andreas
寄件人：Lung Yingtai
主　旨：urgent

安德烈，請你告訴我，
你信中所說「性、藥、搖滾樂」
是現實描述還是抽象隱喻？
儘速回信。MM

聊得要死的時候……。

好啦，我在誇張啦，但是我要誇張你才會明白十八歲是怎麼回事。剛剛我才從咖啡館回來；我們在咖啡館裡談得最熱烈的大半是身邊的小世界、朋友之間發生的芝麻蒜皮。我們當然也辯論政治和社會議題，譬如我今晚就會去看「華氏九一一」。朋友們一定也會各有看法，但是我們的看法都是很膚淺的，而且，每個人說完自己的想法也就夠了，不會太認真。

週一到週五每個人都忙：足球、籃球、舞蹈，每個人瘋的不一樣。德國學制每天下午三點就放學了，下午的時間各管各的。我是個足球狂：一週三個下午踢球，加上一次自己做教練，教六歲的小鬼踢球，每個週末又都有巡迴球賽，所以我的生活裡足球佔了最高比例。功課不需要花太多時間。

其他，就是跟朋友磨混，尤其是週末，我們不是在朋友家裡就是在咖啡館或小酒館裡喝酒聊天，爛醉的時候就用瓶子把酒館砸個稀爛，或者把隨便什麼看不順眼的人揍個鼻青臉腫……。

怎麼樣，又嚇到你了吧？（我知道你會真信呢，

MM，你真的是「小紅帽」，沒辦法！）好，說正經點，有些事，是十四歲到十六歲的小傢伙想嘗試的，譬如喝酒（所以，小心看著你的老二飛力普），而我們已經到一個程度，覺得酗酒而醉是難堪之至的事了。我有時候會喝醉，譬如在馬爾他，相處九年的好朋友們要各奔西東了，我們就都喝醉了，但是……你要我提非洲納米比亞的某一晚嗎？我認識一個華文作家，在納米比亞的酒店裡喝醉了，醉得當場敲杯子唱歌，還要把餐廳的杯盤碗碟刀叉全部用桌巾捲起來帶走……那個人你記得嗎？你大醉的那年我才十歲，可是至今難忘呢。

我不是在為飲酒辯護，我是說，歐洲的飲酒文化可能和亞洲不太一樣。你知道飲酒時的碰杯怎麼來的嗎？中世紀時，如果你要害死一個你恨的人，你就在他喝的啤酒裡下毒。很多人是這樣被毒死的。所以就開始流行碰杯，厚厚的啤酒杯用力一碰，啤酒花濺到別人杯裡，要死就跟對方一起死。同時，一起喝啤酒，碰杯，醉倒，表示你信任坐在你身邊的人，漸漸地就變成社會習俗了。講了這麼長的「前言」，其實是想告訴你，MM，對於年輕人飲酒，我覺得做父母的不需要過度緊張。

到馬爾他島是我們的畢業旅行，十個男生，十個女生，一

個老師。這個島其實滿無聊的，對我們而言重要的只是朋友的相處，而且，因為朝夕相處而得到不同角度的認識。白天，老師陪著我們看古蹟，晚上，他就「下班」了。十八歲的人，自己為自己的行為負責。有幾個下午，我們懶懶地圍在游泳池畔，聽音樂，喝啤酒，聊天。晚上就到酒館裡晃。老街很窄，擠滿了歐洲各國的人。

巴塞隆納比較有意思。我們是五個人，租了一個公寓，一整個星期只要五百歐元，放下行囊就出去逛了。那麼多的廣場，圍繞著廣場都是美麗得驚人的建築，不論古典或是現代的，都那麼美，雕塑也是。每天我們都在用腳走路，細細發掘這個城市。我覺得巴塞隆納是我所走過的最美的城市之一，而我走過的城市還真不少了。

有一天晚上，我們和一個在美國認識的朋友碰面，她是委內瑞拉人，在巴塞隆納讀書，她就帶著我們走遍了老街老巷。這就是歐洲的美好之處：往任何一個方向飛兩個小時，你就進入一個截然不同的文化。在美國就不行了，飛到哪兒都千城一面。

收件人：Lung Yingtai
寄件人：Andreas
主　旨：Don’t panic

MM,

能不能拜託拜託你，不要只跟我談知識分子的大問題？生活裡還有最凡俗的快樂：「性、藥、搖滾樂」當然是一個隱喻。我想表達的是，生命有很多種樂趣，所謂「藥」，可以是酒精，可以是足球或者任何讓你全心投入、盡情燃燒的東西。我想從佛洛伊德開始，我們就已經知道人類是由直覺所左右的。「搖滾樂」不僅只是音樂，它是一種生活方式和品味的總體概念：一種自我解放，不在乎別人的眼光，自由自在地生活，對不可知的敢於探索，對人與人關係的聯繫加深……。安

你呢，ＭＭ？在匱乏的年代裡成長，你到底有沒有「青少年期」？你的父母怎麼對你？你的時代怎麼看你？十八歲的你，是一個人緣很好的女生？還是一個永遠第一名的最讓人討厭的模範生？一個沒人理睬的邊緣人，還是最自以為是的風紀股長？

Andreas

2004.10.25

第5封信

對玫瑰花的反抗

親愛的安德烈：

讀你的信，感覺挺複雜。想起跟你父親在美國初識的時候，聽他談自己的旅行。十八歲的他，也是和一、兩個留著長髮、穿著破牛仔褲的朋友，從德國一路 hitchhike 橫過整個歐洲，到土耳其和希臘。那是歐洲的一九六八年，學生運動興起、嘻皮文化煥發的時代。

他提到在語言不通的國度裡，發生車禍後的一團混亂；提到在西班牙設法勾引天主教堂裡做彌撒的女孩；提到在一毛錢都沒有的狀況下，如何到希臘的農家裡騙到一頓飯；提到在稻草堆裡睡覺，看捷克的夜空裡滿天沈沈的星斗。

那時我二十三歲，剛從台灣到美國，很震驚為什麼歐洲的青年人和台灣的青年人世界那樣不一樣。他們為什麼顯得沒有任何畏懼，背起背包就敢千里闖蕩？他們為什麼滿腦子都是玩，懂得玩、熱愛玩、拚命玩？他們的父母難道對他們沒有要求，要求他們努力讀書，出人頭地；他們的學校難道對他們沒有期待，期待他們回饋社會，報效國家？我們當然也玩，但是所謂玩，是在功課的重壓之餘，參加救國團所設計的、有組織的「自強活動」。

「救國團」，就是和東德共產黨的「青年團」一樣的東西，其實是愛國愛黨教育的延伸機構。你懂嗎？我們的「玩」，叫做「自強」。含意就是，透過「玩」去建立強壯的體魄、強悍的意志，目的是「救國」。我們的「玩」都是為了救國。

「玩」，就是一圈人圍起來，唱歌、跳舞，玩大風吹或者躲矇矇，一起拍手或一起跺腳，做集體劃一的動作。幼稚園孩子們做的遊戲，大學生一樣起勁地做。「群育」的概念藏在我們的「玩」後頭，教我們從集體行動中尋找安全和快樂。

所以主要還不是物質匱乏的問題；在那個年代，一個歐洲青年和一個台灣青年最主要的差別在於前者的個人思維和後者的集體思維；脫離集體是一件可怕的、令人不安的事情。更何況，我們被教導，個人是為了集體而存在的：讀書求學固然是為了國家的強盛，「玩」，也同樣是在達成一個集體的意志。

納粹時期的德國孩子、共產時期的東德孩子，也是這麼長大的；中國和北韓的孩子也是。台灣不是共產國家，可是並非只有共產國家操弄集體主義，法西斯也是。

然而你爸爸那一代青年，是天生的自由自在嗎？他們的父母、你的祖父母那一代人，不就在法西斯的集體意識裡過日子的

嗎?也就是說，你爸爸和我所源出的背景其實是相像的，但是五〇年代的西德在美國的扶持下逐步走向民主，台灣在美國的扶植下，有時差，民主要到八〇年代末才出現。一九六八年的歐洲青年向權威挑戰，向上一代人丟石頭，我的一代人那時還在上愛黨愛國教育，玩群體遊戲唱「團結團結就是力量」。

我記得一個西柏林教授曾經告訴我，六八年的一代很多人會有意識地拒絕在陽台上種父母那一代人喜歡的玫瑰、牡丹、大朵杜鵑等等，反而比較願意去種中國的竹子。玫瑰花象徵了中產階級所有保守的價值觀：為集體效力、刻苦向上、奮發圖強、按部就班……而遙遠的、非本土的竹子，就隱隱象徵了對玫瑰花的反叛。父母在花園裡細心呵護每一朵玫瑰，那時中國的文革正如野火焚山一樣在遙遠的東方狂燒，奔放的激進主義令年輕人著迷。「性、藥、搖滾樂」是在那樣一個背景下喊出來的渴望。

一九六八的這一代人做了父母，做了教師，仍然是反權威的父母和主張鬆散、反對努力奮發的教師，我的安德烈就在這樣的教育氣氛中長大。你的「懶散」、你的「拒絕追求第一名」哲學、你的自由宣言和對於「凡俗的快樂」的肯定，安德烈，是其來有自的。如果說你父親那一代的「玩」還是一種小心翼翼的嘗

試，你們的「玩」就已經是一種自然生態了。

我反對嗎？我這「複雜深沈、假裡假氣」從來沒學會「玩」的知識分子要對你道德勸說，拿「蟋蟀和工蟻」的故事來警戒你嗎？做母親的我要不要告訴你，在全球化的競爭中，兒子，你一定要追求「第一名」，否則無法立足？

我考慮過的，安德烈。但我決定不那麼做。

譬如，你說你特別看重你和朋友同儕相廝守、相消磨的時光。我不反對。人生，其實像一條從寬闊的平原走進森林的路。在平原上同伴可以結夥而行，歡樂地前推後擠、相濡以沫；一旦進入森林，草叢和荊棘擋路，情形就變了，各人專心走各人的路，尋找各人的方向。那推推擠擠同唱同樂的群體情感，那無憂無慮無猜忌的同儕深情，在人的一生中也只有少年期有。離開這段純潔而明亮的階段，路其實可能愈走愈孤獨。你將被家庭羈絆，被責任捆綁，被自己的野心套牢，被人生的複雜和矛盾壓抑。你往叢林深處走去，愈走愈深，不復再有陽光似的夥伴。到了熟透的年齡，即使在群眾的懷抱中，你都可能覺得寂寞無比。

「少年清狂」，安德烈，是可以的。

至於「玩」，你知道嗎，我覺得不懂得「玩」，確實是一種

缺點。怎麼說呢？席慕蓉阿姨（記得嗎？那個又寫詩又畫畫的蒙古公主）曾經說，如果一個孩子在他的生活裡沒接觸過大自然，譬如摸過樹的皮、踩過乾而脆的落葉，她就沒辦法教他美術。因為，他沒第一手接觸過美。

中國有一個我非常欣賞的作者，叫沈從文。他的文學魅力，我覺得，來自他小時逃學，到街上看殺豬屠狗、打鐵磨刀的小販，看革命軍殺人、農民頭顱滾地的人生百態。在街上撒野給予他的成熟和智慧可能遠超過課堂裡的背誦。

你小的時候，我常帶你去劇場看戲，去公園裡餵鴨子，在廚房裡揉麵團，到野地裡玩泥巴、採野花、抓蚱蜢、放風箏，在花園裡養薄荷、種黃瓜，去萊茵河騎單車遠行。現在你大了，自己去走巴塞隆納，看建築，看雕塑。安德烈，我和席慕蓉的看法是一致的：上一百堂美學的課，不如讓孩子自己在大自然裡行走一天；教一百個鐘點的建築設計，不如讓學生去觸摸幾個古老的城市；講一百次文學寫作的技巧，不如讓寫作者在市場裡頭弄髒自己的褲腳。玩，可以說是天地之間學問的根本。

那麼，我是否一點兒也不擔心我的兒子將來變成冬天的蟋蟀，一事無成？騙鬼啊？我當然擔心。但我擔心的不是你職業的

貴賤、金錢的多寡、地位的高低，而是，你的工作能給你多少自由？「性、藥、搖滾樂」是少年清狂時的自由概念，一種反叛的手勢；走進人生的叢林之後，自由卻往往要看你被迫花多少時間在閃避道上荊棘。

M.M.

2004.11.01

第6封信

一切都是小小的

MM：

我覺得你呀，過度緊張。記得夏天我們在新加坡會合，有一天早上，弟弟還睡著，我一醒來你就挨過來跟我說話，抱怨我「不愛」你啦，玩得太多啦，念書不夠認真什麼什麼的，記得嗎？你自己也知道其實你自己有問題——不懂得生活的藝術。就拿我們的通信來說吧。兩個星期前你就開始「寫了沒有？」不停地問。老天，我知道今天是截稿日，那麼我就今天坐下來寫，但是我的寫，是一邊聽音樂、一邊和朋友寫MSN、一邊寫信給老媽。我希望「寫」的本身是個好玩的、愉快的過程，而不是工作壓力。你呢，卻足足煩了我兩個星期。

我想這是個生活態度的問題。「人生苦短」你總聽過吧？年輕人比你想像的，MM，要複雜得多，我覺得。

讓我用音樂來跟你說說看。

譬如「狂放的」二〇年代 jazz 和 swing 流行，所有的人都在跳 Charleston。五〇年代的代表作是叛逆性極強的搖滾樂，而新的一代等待崛起。然後來了六〇年代，披頭四的狂熱引領風潮，Flower Power, Woodstock, Hippies and making babies.

接著就愈來愈複雜了。八〇年代分流成 poppers 跟 rockers：Michael Jackson 和 Madonna 的文化意涵遠遠超過僅僅是一個歌手。九〇年代已經有多元混合：rap、techno、boyband pop……，然後現在呢？已經是二十一世紀，當你看一眼德國的排行榜前十名的時候，你會很驚異地發現裡頭有德國 pop、美國 pop、techno、德國搖滾、美國搖滾、另類音樂、拉丁音樂和 salsa……，甚至有古典的歌曲。

你聽不懂我的意思對不對？我們的代溝就在這裡：我上面所說，沒有一句我的同儕聽不懂，而且，我想要表達的是什麼，他們根本不需解釋。

好，讓我解釋給你聽。MM，從今天排行榜的多元和分眾分歧你就知道，我們這個年齡的人啊，每個人都在走自己的路，每個人都在選擇自己的品味，搞自己的遊戲，設定自己的對和錯的標準。一切都是小小的、個人的，因為，我們的時代已經不再有「偉大」的任何特徵。

你看電視裡老是在討論或總結逝去的六〇、七〇、八〇年代，好像天底下所有的事情都已經發生過了，所有的「偉大」都被「做過」了。看那些節目，你難免覺得，這個社會不知為什麼

對過去充滿懷念，對現在又充滿幻滅，往未來看去似乎又無法找到什麼新鮮的想像。我們的時代彷彿是個沒有標記的時代，連叛逆的題目都找不到，因此我們退到小小的自我。

所以我其實並不同意你所寫的，說我們是六八年代的「後裔」，所以特別叛逆或「清狂」、放蕩。你不了解我們，MM。你知道嗎，我們其實是很「保守」、很「乖」的一代。你想想，有什麼大事能讓我們去衝撞，什麼重要的議題讓我們去反叛呢？我們這一代能做的決定都不過是些生活裡的芝麻小事罷了。你說「清狂」，我是挺「懶惰」的沒錯，但我大部分的同學可是非常「勤奮向上」的喔。很多人早就計劃好明年夏天畢業了之後要去哪裡實習，有些甚至已經知道將來要讀博士了。老師們也很緊張，給我們極大的壓力。從現在到明年畢業前，我們每個星期都有考試。德國失業率如此之高，年輕人其實戰戰兢兢，幾乎到了「謹小慎微」的地步。他們太知道，沒有好的教育就得不到好的工作機會，人生畢竟不是一場沒完沒了的 party。

而我，有多愛玩呢？即使是旅行，夠了也就夠了。新鮮的地方、新奇的經驗，也會讓人疲倦。這時你就只想蜷在自己房間裡安安靜靜地看一張光碟，或者和一、兩個好朋友坐下來喝杯飲

料、聊聊天。MM，我不是個獸性發達的叛逆少年，所以請不要下斷語「評斷」我。

問我，瞭我，但是不要「判」我。真的。

我喜歡這首歌：

我想狂奔一番，在學校裡。
我想嘶吼一番，用我的肺。
我剛發現　這世上
沒有真實世界這回事
只有謊言
迫使你設法穿越

——John Mayer「沒這回事」

Andreas
2004.11.15

收件人：MM
寄件人：LTD
主旨：錯字？

您用「清狂」一定有出處。「輕狂」是我們知道的。是否我們有所不懂？每次最愛讀的是您的感性理性中西交匯大作。謝謝。

LTD波士頓

收件人：LTD
寄件人：MM
主旨：不是錯字

謝謝來信。「輕狂」含舉止輕佻之意；「清狂」則謂「放蕩不羈」。杜甫「壯游詩」：「放蕩齊趙間，裘馬頗清狂。」《文選》，左思「魏都賦」：「僕黨清狂」。蘇東坡詩「老夫聊發少年狂，左牽黃，右擎蒼」，我相信他想的也是「清狂」非「輕狂」。

MM

收件人：MM
寄件人：YU
主旨：想了解

我讓女兒讀您和安德烈的通信，然後在飯桌上有很多討論和激辯。謝謝您給了我們母女彼此溝通感情的機會。但我很渴望知道一點安德烈的成長背景，以便正確地理解一些文化分歧。譬如，他用什麼語言和您說話？用什麼文字和您寫

信？他在哪裡長大？他現在在哪裡？他是個高三學生嗎？太喜歡你們的對話了，帶給我好多感動。

YU上海

收件人：YU
寄件人：MM
主旨：中文很爛

安德烈在台北出生，八個月大牙沒長好就遷到歐洲，在德國長大。他和父親及朋友交談用德語，和母親及母親的朋友們談話用漢語，但是我們的通信以英文進行。現在我們分隔兩地，他在德國，我住香港。他是個「高四學生」，因為德國高中多一年。

德國制的高中比美國或中國多一年，也就是說，他正在準備明年夏天的高中畢業會考，然後還要服兵役，服完兵役再上大學，但在年齡和成熟度上其實等於已是一個大學一年級的學生。

MM

收件人：安德烈
寄件人：VV
主旨：酷啊

我爺爺讀了你和你媽的通信，興奮得要死，強迫我也讀。我生下來就以為「服從」是唯一「好玩」的東西，但是在最近一、兩年裡開始掙扎著尋找什麼是我

真正愛做的事情。你的信讓我更接近目標一步。我其實沒想到你竟然能把我們青少年「公開的祕密」這樣誠實又清楚地掀開。老實告訴你，我早就計劃要離家出走，走到誰都找不到我的地方，是啊，「性、藥、搖滾」，酷！

VV

收件人：VV
寄件人：安德烈
主旨：別誇張

嘿，我們也不必太誇張吧？年輕當然好玩，跟朋友旅行、整夜party，甚至喝醉。可是，老兄，你別忘了，這世上任何事都緊跟著一個東西叫「後果」跟「責任」，不能不面對的。別以為那麼簡單。

但是我完全瞭你的感覺。有時候就是要放開，就是得他媽的頓時解放。

Carpe diem，安德烈

第7封信

有沒有時間革命？

親愛的安德烈：

「這世上，沒有真實世界這回事；只有謊言，迫使你設法穿越。」

這歌詞，很觸動MM。在一個十八歲的人的眼中，世界是這樣的嗎？

帶著困惑，我把自己十八歲的日記從箱子裡翻了出來。三十四年來，第一次翻開它，陳舊的塑膠皮，暗綠色的，上面刻著「青年日記」四個字。紙，黃黃的，有點薄脆。

藍墨水的字跡，依然清晰，只是看起來有點陌生。一九七〇年，穿著白衣黑裙讀女校的MM正在日日夜夜地讀書，準備夏天的大學聯考。

今天發了數學考卷。我考了四十六分。

明天要複習考，我會交幾張白卷？說不出是後悔還是什麼，或者我其實根本無所謂？大學究竟是怎樣的一個世界，要我們為它這樣盲目地付出一切？

我能感覺苦悶，表示我還活著，但是為什麼我總覺得找不到

自己？原來這就叫「迷失」？

我想要嚎啕大哭，但我沒有眼淚。我想要逃走，但我沒有腳。我想要狂吼，但我沒有聲音。

日子，我好像死在你陰冷的影子裡。

生存的意義是什麼？生存的遊戲規則是誰在訂？

我能不能「叛變」？

這一頁紙上好幾行字被水漬暈染了，顯然是在淚眼模糊之下寫的。與這一頁並排攤開的是日記本的彩色夾頁，印著一篇勵志的文章，「篤守信義」。前半段講孔子的「民無信不立」——治理一個國家，萬不得已時可以放棄軍事，再不得已時可以放棄經濟，但是人民的信任不能缺少。下半段說：

「共產主義最顯著的特點，就是把信義完全拋棄……。所謂和平，指的是戰爭；所謂友好，指的是侵略，所謂民主，指的是奴役……共產主義實為有史以來最大的騙局。在人類歷史上，從來沒有這麼多的人，為這麼少的人所欺騙。可是，光明終可消滅黑暗，信義終可戰勝虛偽。」

我在想，那個時候的成人世界，有多少人「問」我、「瞭」

我，而不「判」我？那個時候的世界，有多少「真實」讓我看見，有多少「謊言」我必須「穿越」？

恐怕每一代的年輕人都比他們的父母想像的要複雜、要深刻得多。我不會「判」你，安德烈，我在學習「問」你，「瞭」你。成年人鎖在自己的慣性思維裡，又掌握訂定遊戲規則的權力，所以他太容易自以為是了。「問」和「瞭」都需要全新的學習，你也要對MM有點兒耐心。鼓勵鼓勵我吧。

今天飛力普放學回來，氣鼓鼓的。早上他帶著 iPod 到學校去，坐在教室外頭用耳機聽音樂，等候第一堂課的鈴響。一個老師剛好經過，就把他的 iPod 給沒收了。東西交到級主任那裡，說要扣留兩個禮拜。

我們在廚房裡，我在弄午餐給他吃，他忿忿地說：「八點不到，根本還沒上課，老師都還沒來，為什麼不可以聽？」。

「先不要生氣，」我說，「你先去弄清楚學校的規定白紙黑字是怎麼寫的？如果寫的是『上課』時不許，那麼你有道理；如果規定寫的是『在學校範圍內不許攜帶』，那你就沒話說了，不是嗎？」

他馬上翻出了校規，果然，條文寫的是「不許在學校範圍

內」。好啦，沒戲唱了。

他服氣了，頓了一會兒，又說，「可是這樣的規定沒道理。」

「可能沒道理，」我說，「你也可以去挑戰不合理的校規。可是挑戰任何成規都要花時間，所以問題在於，你想不想為這一件事花時間去挑戰權威？」

他想了一下，搖搖頭。小鬼已經知道，搞「革命」是要花時間的。他踢足球的時間都不夠。

「可是，」他想著想著，又說，「哪一條條文給他權力把我的東西扣留兩週？有白紙黑字嗎？而且我常常看見同學聽，也沒見老師『取締』啊。」

沒錯啊，有了法律之後，還得有「施行細則」或者「獎懲辦法」，才能執行。校規本子裡卻沒有這些細則，執行起來就因人而異，他的質疑可是有道理的。

「而且，這個級主任很有威權性格，」他說，「他的口頭禪就是——唉呀照我說的做就是了，別跟我囉唆問理由。我覺得他很霸道。MM，你覺得做老師的應該用這樣的邏輯跟學生溝通嗎？」

「不該。這種思維的老師值得被挑戰。」我說。

「你知道，MM，我不是為了那個隨身聽，而是因為覺得他沒有道理。」

「那……」我問，「你是不是要去找他理論呢？」

他思索片刻，說，「讓我想想。這個人很固執。」

「他會因為學生和他有矛盾而給壞的分數嗎？」

「那倒不會。一般德國老師不太會這樣，他們知道打分不可以受偏見影響。」

「那……你會不會因為『怕』他而不去討道理吧？」

「不會。」

「那……你希望我去和他溝通嗎？」

「那對他不太公平吧。不要，我自己會處理。」

這就是那天在廚房裡和飛力普的對話。安德烈，你怎麼處理衝突？對於自己不能苟同的人，當他偏偏是掌握你成績的老師時，你怎麼面對？從你上小學起，我就一路思考過這個難題：我希望我的孩子敢為自己的價值信仰去挑戰權威，但是有些權威可能倒過來傷害你，所以我應該怎麼教我的孩子「威武不能屈」而同時又懂得保護自己不受傷害？這可能嗎？

那天，一面吃炸醬麵，一面，我是這麼告訴十五歲的飛力普的：你將來會碰到很多你不欣賞、不贊成的人，而且必須與他們共事。這人可能是你的上司、同事，或部屬，這人可能是你的市長或國家領導。你必須每一次都做出決定：是與他決裂、抗爭，還是妥協、接受。抗爭，值不值得？妥協，安不安心？在信仰和現實之間，很艱難地找出一條路來。你要自己找出來。

你呢，安德烈？你小時候，球踢到人家院子裡都不太敢去要回來，現在的你，會怎麼跟飛力普說？

2004.12.08

又：我去徵求飛力普的同意寫這個故事，他竟然很正經地說他要抽稿費的五%。這傢伙，很「資本主義」了。

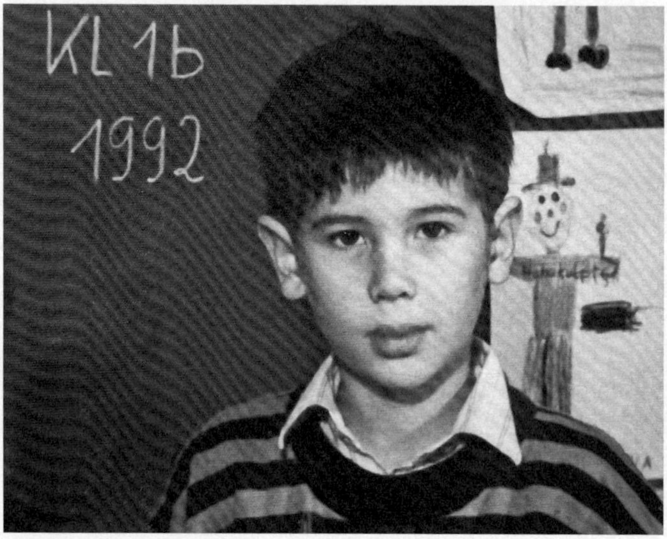

第8封信

我是個百分之百的混蛋

MM：

我在前封信裡說，我覺得在我們這個時代裡，好像沒什麼好「反叛」的。昨天我去看了場電影，想法有點改變。

這個德國片子叫做「好日子過去了」。三個年輕人，覺得社會很不公平，想繼續七〇年代德國左派「赤軍連」的革命精神。只不過，「赤軍連」用暴力試圖去實現他們的理想，這三個人想用非暴力的方式。他們闖進富人的豪宅，但是不拿東西也不破壞，只是把豪宅裡的家具全部換位，然後留下一張紙條，「好日子過去了！」他們「恐嚇」富人的意思是：「再多的錢也幫不了你們，我們進來了。」

三個人之一曾經用自己的破車撞到一個富人的賓士車，所以欠了一筆修車賠款。有一天夜裡，發現他們所闖入的豪宅正巧是這名賓士車主的家，正巧他們又被這個人撞見、認出了。所以他們不得已只好將這人「綁走」，也就是說他們成了「綁匪」。

躲在阿爾卑斯山的破木屋裡，幾個人開始交談。他們發現這名富人竟然也曾經是個六、七〇年代的「憤怒青年」，曾經充滿改造社會的理想和鬥志。三個人逐漸反省，覺得他們的「綁架」

行為其實不符合他們所立下的理念，想把人放走；而被綁者回憶起自己的「憤怒」歲月，也表示不會報警，而且債也不要討了。

但是富人一回到自己熟悉的環境，卻改變主意，馬上報了警。警察循線追到了三人的住處，發現已經搬空，只留下一張紙條，上面寫著：「有些人，永遠變不了。」

電影的最後是這三個人闖進一個電視台，把頻道關閉。他們認為電視是愚民最徹底的工具。

這是一個關於階級跟貧富差異、社會公義的電影。

我是和老爸一起去看這電影的。老爸開著 BMW745 的車，我穿著一件 Ralph Lauren 的白襯衫，我們住的小鎮，是全德國平均收入最高的小鎮——那我不正是這電影中的「壞人」嗎？世界上有那麼多人在餓死的邊緣，我們開豪華的車是不是不道德？有些人做一天的工還賺不夠吃的，而我只是上學，什麼工都不必做，生活舒服得像個小王子一樣，我可不可以心安理得呢？我也知道，電視在操縱、玩弄人的思維和價值觀，但是我繼續坐在那裡看電視。我也知道，物質滿到一個程度，就失去意義，但是我仍舊享受物質的滿。

這個世界，是不是真的沒有什麼值得「反叛」的東西了呢？

這個社會是不是真的，如我前封信所說的，沒有什麼不公不義值得我們去「革命」，沒有什麼理想和價值值得我們去行動呢？

我想是有的，還是有的。

好，那我能幹什麼？電影中三個革命者之一說，他完全看穿了這個虛擬的 Matrix 一樣的社會體制，而他拒絕與這個虛假的 Matrix 共存，所以他採取了行動。我呢？我只能看得出這個虛擬的結構的一部分，而且我還能忍受它——或許因為我閉上了眼睛，因為我不願意看見問題；不願意看見問題，問題就變得抽象。我的解決方案就是對問題視若無睹，假裝看不見——如果我能把思想關掉更好。

但是如果我決定把眼睛打開，看見世界的不公不義，我能怎麼做呢？我活在一個民主社會裡，說是資訊開放，價值多元，電視、網絡、報紙，每天都在影響我。但是當你真正想要知道你能做些什麼的時候，他們告訴你，嘿，你要自己決定，因為這是民主。

前面當我在談年輕人的自由的時候，我接到很多讀者來信（對我來說是「很多」），他們似乎都有同感，就是，這個世界沒什麼好「反叛」的了。但是這個電影卻好像提醒了我，世界上

那麼多不公正存在，怎麼可能沒有「反叛」的需要？所差的只不過在於你是否願意看見，是否願意站起來，行動不行動而已。

最後我就不得不問我自己：那麼，你是不是要決定「站起來」，去「行動」？

我真的認真地想了這個問題，然後，ＭＭ，我必須誠實地告訴你我的自我發現，你就當它是「懺悔錄」吧。

我發現：是，我知道中國的婦女在極不人道的工作環境裡為耐吉做苦工，但我不會因而不買耐吉的運動鞋。我知道麥當勞為了生產牛肉大面積破壞了南美的原始森林，而他們的老闆口袋裡塞滿了錢，但我不會因而不去吃麥當勞。我知道非洲很多孩子死於營養不良，但我不會因而勉強自己把每一餐飯的每一個盤子舔乾淨。換句話說，我發現我是個百分之百的混蛋（asshole）。

我是一個「日子過得太好」的年輕人，狠很打我幾個耳光也不為過。但是至少，我清楚看見自己的生存狀態，而且至少，我並不以我的生存狀態為榮。

現在，ＭＭ，我好奇你會怎麼說呢？

Andreas
2004.12.12

第9封信

兩種道德

親愛的安德烈：

在給你寫信的此刻，南亞海嘯災難已經發生了一個星期。我到銀行去捐了一筆款子。飛力普的化學老師，海嘯時，正在泰國潛水。死了，留下一個兩歲的孩子。我對這個年輕的老師還有印象，是漢堡人，個子很高，眼睛很大。飛力普說他教學特別認真，花很多自己的時間帶學生做課外活動，說話又特別滑稽有趣，跟學生的溝通特別好，學生覺得他很「酷」，特別服他。我說，飛力普，給他的家人寫封信，就用你的話告訴他們他是個什麼樣的老師，好不好？

他面露難色，說，「我又不認識他們。」

「想想看，飛力普，那個兩歲的孩子會長大。再過五年他七歲，能認字了，讀到你的信，知道他父親曾經在香港德瑞學校教書，而他的香港學生很喜歡他，很服他——對這個沒有爸爸的孩子會不會是件很重要的事？」

飛力普點點頭。

安德烈，我相信道德有兩種，一種是消極的，另一種是積極的。

我的消極道德大部分發生在生活的一點一滴裡：我知道地球資源匱乏，知道二〇％的富有國家用掉七五％的全球能源，所以我不浪費。從書房走到廚房去拿一杯牛奶，我一定隨手關掉書房的燈。離開廚房時，一定關掉廚房的燈。在家中房間與房間之間穿梭時，我一定不斷地開燈、不斷地關燈，不讓一盞燈沒有來由地亮著。你一定記得我老跟在你和弟弟的後頭關燈吧——還一面罵你們沒有「良心」？窗外若是有陽光，我會將洗好的濕衣服拿到陽台或院子裡去晾，絕不用烘乾機。若是有自然清風，我絕不用冷氣。室內若開了暖氣，我進出時會隨手將門關緊。澆花的水，是院子裡接下的雨水。你和飛力普小的時候，我常讓你們倆用同一缸水洗澡，記得嗎？

我曾經喜歡吃魚翅，但是有一天知道了魚翅是怎麼來的。他們從鯊魚身上割下魚鰭，然後就放手讓鯊魚自生自滅。鯊魚沒了「翅膀」，無法游走，巨大的身體沈到海底，就在海底活活餓死。我從此不再吃魚翅。

飛力普說，唉呀媽媽，那你雞也不要吃了，你知道他們是怎麼大量養雞的嗎？他們讓雞在籠子裡活活被啄成一堆爛肉，你說人道嗎？

我說，我又不是聖人，我只管我記得的、做得到的。道德取捨是個人的事，不一定由邏輯來管轄。

你一定知道中國的不肖商人是怎麼對付黑熊的。他們把黑熊鎖在籠子裡，用一條管子硬生生插進黑熊的膽，直接汲取膽汁。黑熊的膽汁夜以繼日地滴進水管。年幼的黑熊，身上經年累月插著管子，就在籠子裡漸漸長大，而籠子不變，籠子的鐵條就深深「長」進肉裡去。

我本來就不食熊掌或喝什麼膽汁、用什麼中藥，所以也無法用行動來抵抗人類對黑熊的暴虐，只好到銀行裡去捐一筆錢，給保護黑熊的基金會。消極的道德，碰到黑熊的例子，就往「積極」道德小小邁進了一步。

你和飛力普都會穿著名牌衣服，你們也都知道我對昂貴的名牌服飾毫無興趣。你想過為什麼嗎？

去年夏天我去爬黃山。山很陡，全是石階，遠望像天梯，直直通進雲層裡。我們走得氣都喘不過來，但是一路上絡繹不絕有那駝著重物的挑夫，一根扁擔，挑著山頂飯店所需要的糧食和飲料。一個皮膚黝黑、眼睛晶亮的少年，放下扁擔休息時，我問他挑的什麼？一邊是水泥，一邊是食品，旅客要消費的咖啡可樂等

等。他早晨四點出門，騎一小時車趕到入山口，開始他一天苦力的腳程。一路往上，路太陡，所以每走十步就要停下喘息。翻過一重又一重的高山，黃昏時爬到山頂，放下扁擔，快步往回走，回到家已是夜深。第二天四時起床。如果感冒一下或者滑了一跤，他一天的工資就沒著落了。

他的肩膀被扁擔壓出兩道深溝。

「挑的東西有多重？」

「九十公斤。」他笑笑。

「一天掙多少錢？」

「三十塊。」

安德烈，你知道三十塊錢是三歐元都不到的，可能不夠你買三球冰淇淋。

到了山頂旅館，我發現，一杯咖啡是二十元。

我不太敢喝那咖啡。但是不喝，那個大眼的少年是不是更困難呢？

這些思慮、這些人在我心中，安德烈，使我對於享受和物質，總帶著幾分懷疑的距離。

那天和飛力普到九龍吃飯，在街角突然聽見飛力普說，「快

看！」他指的是這樣一個鏡頭：一個衣衫襤褸的老婦人彎身在一個大垃圾桶裡找東西，她的整個上半身埋在垃圾桶裡；剛好一輛 Rolls Royce 開過來，成為背景。飛力普來不及取出相機，豪華車就開走了，老婦人抬起頭來，她有一隻眼是瞎的。

香港是全世界先進社會中貧富不均第一名的地方，每四個孩子之中就有一個生活在貧窮中。我很喜歡香港，但是它的貧富差距像一根刺，插在我看它的眼睛裡，令我難受。但是，我能做什麼呢？我不能給那個瞎了一隻眼的老媽媽任何東西，因為那不是解決問題的方法，那麼我能做什麼呢？

我寫文章，希望人們認識到這是一個不合理的社會結構。我演講，鼓勵年輕人把追求公平正義做為改造社會的首要任務。我在自己的生活裡拒絕奢華，崇尚簡單，以便於「對得起」那千千萬萬被迫處於貧窮的人。但是我不會加入什麼扶貧機構，或者為此而去競選市長或總統，因為，我的「道德承受」也有一定的限度。我也很懦弱、很自私。

在你的信中，安德烈，我感覺你的不安，你其實在為自己的舒適而不安。我很高興你能看見自己的處境，也歡喜你有一份道德的不安。我記得你七歲時，我們在北京過夏天。蟋蟀被放進

小小的竹籠裡出售，人們喜歡它悠悠的聲音，好像在歌詠一種天長地久的歲月。我給你和飛力普一人買了一個，掛在脖子裡，然後三個人騎車在滿城的蟬鳴聲中逛北京的胡同。到了一片草坪，你卻突然下車，要把竹籠裡的蟈蟈放走，同時堅持飛力普的也要釋放。三歲的飛力普緊抱著蟈蟈怎麼也不肯放手，你在一旁求他：放吧，放吧，蟈蟈是喜歡自由的，不要把它關起來，太可憐……。

我想是在那個時候，我認識到你的性格特質。不是所有的孩子都這樣的，也有七歲的孩子會把蜻蜓撕成兩半或者把貓的尾巴打死結。你主動把蟈蟈放走，而且試著說服弟弟也放，就一個七歲的孩子來說，已經是一個積極的道德行為

所以，能不能說，道德的行使消極或積極存乎一心呢？我在生活層面進行消極的道德——不浪費、不奢侈，但是有些事情，我選擇積極。譬如對於一個說謊的政府的批判，對於一個愚蠢的決策的抗議，對於權力誘惑的不妥協，對於群眾壓力的不退讓，對於一個專制暴政的長期抵抗……都是道德的積極行使。是不是真有效，當然是另一回事。

事實上，在民主體制裡，這種決定人們時時在做，只是你

沒用這個角度去看它。譬如說，你思考投票給哪一個黨派時，對於貧窮的道德判斷就浮現了。哪一個黨的經濟政策比較關注窮人的處境，哪一個黨在捍衛有錢階級的利益？你投下的票，同時是一種你對於貧富不均的態度的呈現。你有沒有想過，為什麼社會福利佔了歐陸國家GDP的四五％而美國卻只有三〇％？這和他們對貧窮的價值認知有關。六〇％的歐洲人認為貧窮是環境所迫的，卻只有二九％的美國人這樣看。只有二四％的歐洲人同意貧窮是個人懶惰所造成的，卻有六〇％的美國人認同這種觀點。比較多的人認為貧窮是咎有應得，或者比較多的人認為貧窮是社會責任，就決定了這個群體的制度。

海嘯的悲慘震動了世界，國家在比賽誰的捐款多，背後還藏著不同的政治目的。真正的道德態度，其實流露在平常時。我看見二〇〇三年各國外援的排名（以外援金額佔該國GNP比例計算）：

1	挪威	0.92
2	丹麥	0.84
3	荷蘭	0.81
4	盧森堡	0.8
5	瑞典	0.7
6	比利時	0.61
7	愛爾蘭	0.41
8	法國	0.41
9	瑞士	0.38
10	英國	0.34
11	芬蘭	0.34
12	德國	0.28
13	加拿大	0.26
14	西班牙	0.25
15	澳洲	0.25
16	紐西蘭	0.23
17	葡萄牙	0.21
18	希臘	0.21
19	日本	0.2
20	奧地利	0.2
21	義大利	0.16
22	美國	0.16

單位：百分比

你看，二十二個對外援助最多的國家裡，十七個是歐洲國家。前十二名全部是歐洲國家。為什麼？難道不就因為，這些國家裡頭的人，對於社會公義，對於「人飢己飢」的責任，對於道德，有一個共同的認識？這些國家裡的人民，准許，或說要求，他們的政府把大量的錢，花在離他們很遙遠但是貧病交迫的人們身上。他們不一定直接去捐款或把一個孤兒帶到家中來撫養，就憑一個政治制度和選票已經在進行一種消極的道德行為了。你說不是嗎？

所以我不認為你是個「混蛋」，安德烈，只是你還沒有找到你可以具體著力的點。但你才十九歲，那個時間會來到，當你必須決定自己行不行動，如何行動，那個時刻會來到。而且我相信，那個時候，你會很清楚地知道自己要做什麼，不做什麼，做不到什麼。

2005.01.08

龍博士：

剛才在看你和安德烈的對話，說到消極和積極的道德。

他十九歲時在想的東西，是我十七歲時在想的問題。但他比我幸運一些，他雖然覺得這樣的東西讓你不愉快，但還不至於太厭惡。

但是，我厭惡我自己。

我穿名牌的衣服，我吃麥當勞的全家桶，我外出去各地享受旅遊。想到多少人，在忍受飢餓，一輩子都不知道肉味是什麼意思，我會厭惡我自己，我在我不認同覺得不對的模式下生活，但我不改變因為我習慣，因為這是我的圈子都認同的生活方式。

我甚至不敢跟別人說我很厭惡我自己，我生活得很累，因為他們肯定會說很好玩，很好笑，很幼稚也很愚蠢。

我也這麼覺得，但我怎麼否定我愚蠢幼稚荒唐的想法。

看你的回信，我還是不太明白……。

DM（上海）

親愛的龍女士：

我是一個從英國留學回來的大陸女子。現年二十四歲。一直很喜歡你的文字。

你知道嗎，當我結束我在英國五年的生活，回到這個我生活了二十年的地方的時候，我竟然感到不習慣。我不習慣於人們的冷漠，更不習慣於我也要表示出來的冷漠。

當你在路上看到一個衣衫破舊的孩子，你不能停下腳步，給他一塊錢，因為他要的更多，甚至，他會因為看到你的錢包而搶了就跑。當你到銀行去辦事，你一定要緊緊貼著前一個人，就算他在按密碼也不可以走開，否則你很有可能在銀行一天也辦不成事。諸如此類，不勝枚舉。

我不能說什麼，亦不能做什麼。我知道逃避不是辦法。但當我回來面對了這一切，我唯一的想法就是離開。

我為這樣的想法而難過。我又為這樣的環境而流淚。

我生活在一個大城市，尚且如此，那些其他的地方又如何呢？

當我看到南亞海嘯的消息，當我看到台灣、日本、美國、歐洲和很多很多地方遭受自然災害和恐怖襲擊的時候，我很心痛。人類的力量竟然是這麼的渺小。而我更心痛的，是我的同胞們一句句惡毒詛咒的話語。我總是不明白，仇恨一定活的比善良和同情更長久嗎？

我真的難過困惑，我真的不明白。

Helen（天津）

第*10*封信

煩惱十九

MM：

又是一個星期六的晚上，坐下來給你寫信，但是我有心事。過去兩個禮拜，滿慘的，生活裡問題很多。每一個問題，好像都在考驗我性格裡不同的一個部分。每一個問題性質不一樣，所以就需要不同的面對方式，也需要調動我性格裡某一種品質，這個品質，我或者有，或者沒有，需要開拓才會出現。有些問題需要的是勇氣，有些，需要智慧。反正，煩惱多多。

其實也都不是什麼真正嚴重的事，但是你知道，給生活「加料」的通常都是些芝麻小事，不管是好的還是壞的。有時候，你已經有麻煩了，偏偏還要打破一個玻璃瓶或者吃早點時把牛奶潑的一身，你只好覺得，太倒楣了。

大的問題，譬如三月就要畢業考啦，大學入學啦，或者是將來的工作，暫且不提，最近出了兩個狀況，讓我很心煩。

第一個，上封信你問我，碰到一個你不贊成的人，而他偏偏掌權，譬如說他是決定你成績的老師，這種矛盾我怎麼處理？現在就發生了。我跟你說過我不欣賞英文老師，因為我覺得他程度不夠。我們這一班有一半人都到美國去做過交換學生，我也在

美國讀過一年，所以我們的英文水準比一般沒去留學的德國學生要高很多，而他好像完全不理會這種差異，還是照他一貫的方法教學，就是要我們聽寫，或者讓我們讀一堆無聊的文章。從他那裡，我簡直學不到任何東西。我甚至於覺得從美國回來以後，我的英文就停止進步了。最讓我生氣的是，我發現他對英文的文學作品根本沒有解析的能力，常常不知所云。英文課就變成我們最不需要動任何腦筋的課。

我是在這個時候決定要「反叛」的。我在他的課上睡覺，而且拒絕交作業。討論文學作品的時候，我提出他完全無法招架的問題。

然後，事情就發生了。他竟然說我在「嗑藥」！他去跟我的導師說，我上課沒精打采，而且不做作業，一定是因為嗑藥。導師就來找我談話，連同學都以為是真的了。

MM，你說我「反叛權威」對還是不對？現在，我得到什麼？他很快就要退休，而我，得到一個爛分數，外送一個「嗑藥」的名譽。

我不是不知道反抗權威會有後果，也想過是否閉嘴做他的乖學生，但是最後，我還是用消極「罷課」去抵制他，因為我實在

受不了無知的人假裝有知識，還要來對你指指點點。我的理性畢竟敗給了我的情緒。而現在，他給我這麼多麻煩，我的好勝心又被挑起，我想：嘿，我就做給你看，我可以在最短的時間內把英文成績扳回來。這樣，他是不是會開始理解我反對他是因為他教學太爛？

這第二個「麻煩」嘛，你大概已經等了十九年，等我來告訴你——沒錯，女孩子。

兩年前，當我很多好朋友都在談戀愛的時候，我對女生一點沒興趣。不是我晚熟，而是，我有太多其他的興趣，譬如足球，而且，我確實不太容易「墜入情網」。但是自從在美國有了一個女朋友以後（哈，沒告訴過你——你就當我忘了說吧），我一次又一次地不斷地「墜入」，而且一次又一次地失戀。有時候我在想，怎麼老是被人甩了，搞不好我有問題？（開玩笑的。老媽別緊張）

上個禮拜，我又失戀了。寒假裡，她遇見了一個荷蘭男孩，就跟他好了。老天，這個傢伙連德語都說不好，他們得用半生不熟的英語溝通。

我很難受，當然我的自尊被傷害了，雖然我的理智告訴我：

香港時間凌晨3：00
德國時間晚上8：00

M：安德烈，你知道，母親對子女的愛是生死不渝的。你告訴我：你嗑藥嗎？

安：你有病啊。我嗑藥，會告訴你嗎？

M：你就斬釘截鐵地告訴我：YES or NO.

安：NO.

M：好。現在可以繼續談了。

安：受不了你。

M：所有的媽都會這樣。

安：一定沒看懂我的文章，才會問那樣的問題。

M：不要吵架。我問你：需要我跟英文老師打電話嗎？

安：不要。我已經處理。放心。

M：好，再問你：信中你談到感情。考慮過隱私的問題嗎？你不介意被刊出？

安：不介意。因為，有沒有一個19歲的人不是在戀愛或失戀？你19歲時不是嗎？我不認為這是「隱私」，我覺得這是年輕人的普遍經驗，有什麼好隱藏的。☺

沒關係，你們本來就不很配。更何況，我愛的其實是另一個女孩，她只不過是一個假想的替身。我覺得，我恐怕是一個在感情上不太容易「放下」的人。現在的麻煩是，我不知道接下來要怎麼辦？

她其實並不清楚我對她的感情，她以為我們是「好朋友」。受傷的我很想跟她一刀兩斷，不再來往，但是這對她好像不公平，因為，她並沒有說愛過我啊。所以，我應該照顧到她的情感，假裝若無其事繼續我們的「友誼」，還是只管我自己「療傷」，跟她斷掉？

你知道我意思嗎？這跟我跟英文老師的衝突看起來沒有關聯，其實性質是一樣的：我應該誠實地坦露自己的感情，還是隱藏它？對英文老師這個權威，我似乎應該避免坦誠而接受他的權威，因為表露我對他的不滿，我會受傷。對這個女孩，我又似乎應該坦誠，否則我們的「友誼」就被放在一個緊繃

的鋼索上，讓謊言和虛假充斥。

面對第一個難題，我需要智慧。面對第二個難題，我需要勇氣，然而，我覺得我兩個都不夠。

你當然會說，唉呀，你需要平衡，既要體貼到別人的感受，又要照顧到自己的立場。可是，多難啊。接下來的幾個禮拜，我有那麼多人要「應付」——不，事實上，是在接下來的「一生」中，有那麼複雜的人際關係要「應付」，我覺得自己很笨拙。尤其是碰到感情的時候。

我這些「傾訴」，會不會讓你覺得，像是好萊塢的巨星們在抱怨錢太多、太有名所以生活很「慘」？可是，生命往往就被那微不足道的事情給決定了……。

Andreas

2005.01.14

第11封信

陽光照亮你的路

親愛的安德烈：

如果有個人手裡拿著一個彈弓，站在高處，對著你。你要反擊，是站在那低處呢，還是先站到高處再說？

你會說，不對，MM，照你這個邏輯，人民也不要抵抗暴政了，因為極權統治的特徵就是，政府佔據制高點，人民在低處，在「彈弓」下討生活，他們永遠不可能搶到高處。而且，跟極權合作的人，還可以振振有詞說，我這是在「迂迴作戰」，想辦法站到高處去，再為人民說話。在民主體制裡，也有人選擇跟著腐敗的權力走，還振振有詞說，進入體制，站到高處，可以影響當權者，造福社會。可是還沒造福社會，個人已經先享盡了權力的好處。

你的反駁我將無法回應。安德烈，這個世界裡，見風轉舵的投機者絕對是大多數。所以你說的「勇氣」和「智慧」，永遠是稀有的品質。更何況，「暴虎馮河」的勇氣和「謀定而後動」的勇氣，有時候很難辨別；投機和智慧，看起來也很貌似。真假勇氣和智慧的細微差別，在《左傳》（記錄了公元前七二二到前四六八年的中國歷史）和《戰國策》（記錄了公元前四六〇到前

二二〇年的中國歷史）裡很多，希望有一天你能讀到。你們在學校裡讀過柏拉圖。我發現，柏拉圖所記錄的蘇格拉底的思辯，和《左傳》的風格很像。《蘇格拉底》的朋友克瑞多到監獄去試圖說服他逃獄時，蘇格拉底卻和他進行一場道德辯論：

蘇：是否應堅信，不管多數人怎麼想，不管後果如何，不正義就是不正義？

克：是。

蘇：所以我們不能做不義之事？

克：不能。

蘇：也不能以其人之道還治其人，以暴治暴？

克：不能。

蘇：也就是說，不管別人怎麼傷害了我們，我們都不能報復，從而去傷害別人。但是克瑞多，你要仔細想想，因為這種想法從來就不是多數人的想法。信不信服這種想法的人分歧嚴重，彼此完全無法溝通。

自己和「多數人」格格不入時，是堅持還是妥協？個人被

權力打擊時，是反抗還是接受？為何接受，又為何反抗？如何接受，又如何反抗？蘇格拉底依靠的是一個理性的邏輯。《左傳》裡也常有理性和權力的兩種邏輯的衝突。

所以，安德烈，你不是唯一一個必須思考怎麼去「應付」那極為複雜的人際關係的少年；人際關係，其實往往是一種權力關係，從老子、孔子到蘇格拉底都曾經思索這個問題。你的英文老師對你所造成的難題，只是一個小小的訓練吧，譬如說，在你決定上課睡覺、不寫作業之前，你是否思考過他是一個什麼樣的「對手」？是否思考過，用什麼語言可能可以和他溝通？又或者，什麼形式的「反叛」會給你帶來什麼樣的收穫或者災難？你是「謀定而後動」或是「暴虎馮河」？你想要達到什麼？你的邏輯是什麼？

兩星期前，我買了兩顆一般大小的水仙球根，一顆放在玻璃窗邊，一顆放在餐桌上，用清水供著。今天，窗邊那顆還像一盆青蔥，桌上的那顆，屋內稍暖，卻已經開出了香氣迷迷的花朵。

你願意和我談感情的事，我覺得「受寵若驚」。是的，我等了十九年，等你告訴我：MM，我認識了一個可愛的女孩。上一次你和我談「愛情」，是你十三歲那一年：

一九九八年九月二十日，午夜手記

安德烈去參加朋友的生日舞會，剛剛接他回家。在暗暗的車裡，覺得他彷彿若有所思，欲言又止。邊開車，邊跟他有一句沒一句地聊，慢慢兒地，得知今晚班上的幾個女孩子也在。

「那——音樂很吵了？」

「不吵，」他說，「是那種靜靜的音樂。」

「喔……」我思索，「那麼是跳慢舞了？」

「對。」

又開了一段夜路；這段路上，兩旁全是麥田，麥田邊滿滿是野生的罌粟花，在蘋果樹下，開得火紅。我開得很慢，秋夜的空氣裡，流蕩著酸酸的蘋果香。

半晌不說話的人突然說，「馬力愛上我們班一個女生，今天晚上他跟她說了。」

「怎麼說的？」

「燈光暗下來的時候，他和她跳舞的時候說的。」

他轉過身來對著我，認真地說，「媽媽，你難道不知道嗎？愛的時候，不說也看得出來。」

「喔……」我被他的話嚇了一跳，但是故做鎮定。

到家門口，我熄了車燈。在黑暗中，我們都坐著，不動。然後我說，「安，你也愛上了什麼人嗎？」

他搖頭。

「如果發生了，你——會告訴我嗎？」

他說，「會吧……」聲音很輕，「大概會吧。」

今晚，我想，就是這樣一個尋常的秋夜，十三歲的男孩心裡發生了什麼，他自己也許不太明白。一種飄忽的情愫？一點祕密的、忽然來襲捉摸不定的甜美的感覺？

平常竭盡所能拖延上床的他，早早和我說了晚安，關了房門。

你記得那個晚上嗎，安德烈？

我一點也不覺得你的煩惱是「好萊塢明星」的「無病呻吟」。事實上，接到你的信，我一整天都在一種牽掛的情緒中。你說，使人生憑添煩惱的往往是一些芝麻小事，你把失戀和打翻牛奶弄濕了衣服相提並論，安德烈，你自我嘲諷的本領令我驚異，但是，不要假裝「酷」吧。任何人，在人生的任何階段，愛

情受到挫折都是很「傷」的事，更何況是一個十九歲的人。如果你容許我坦誠的話，我覺得你此刻一定在一個極端苦惱，或說「痛苦」的情緒裡，而畢業大考就在眼前。我牽掛，因為我知道我無法給你任何安慰，在這種時候。

我不知道你們這一代的德國少年是否讀過《少年維特的煩惱》？歌德和你一樣，在法蘭克福成長，他的故居我也帶你去過。二十三歲的歌德愛上了一個已經訂婚的少女，帶給他極深的痛苦。痛苦轉化為文字藝術，他的痛苦得到昇華，可是很多其他的年輕人，緊緊抱著他的書，穿上「維特式」的衣服，紛紛去自殺了。安德烈，我們自己心裡的痛苦不會因為這個世界有更大或者更「值得」的痛苦而變得微不足道；它對別人也許微不足道，對我們自己，每一次痛苦都是絕對的，真實的，很重大，很痛。

歌德曾經這樣描寫少年：「向天空他追求最美的星辰，向地上他嚮往所有的欲望」；十九歲，我覺得，正是天上星辰和地上欲望交織、甜美和痛苦混亂重疊的時候。你的手足無措，親愛的，我們都經驗過。

所以，我要告訴你什麼呢？

歌德在維茲拉小城第一次見到夏綠蒂，一個清純靜美的女

孩，一身飄飄的白衣白裙，胸前別著粉紅色的蝴蝶結，令他傾倒。為了取悅於夏綠蒂，他駕馬車走了十公里的路，去給夏綠蒂生病的女友送一個橘子。愛而不能愛，或者愛而得不到愛，少年歌德的痛苦，你現在是否更有體會了呢？可是我想說的是，傳說四十年後，文名滿天下的歌德在魏瑪見到了夏綠蒂，她已經變成一個身材粗壯而形容憔悴的老婦。而在此之前，歌德不斷地戀愛，不斷地失戀，不斷地創作。二十三歲初戀時那當下的痛苦，若把人生的鏡頭拉長來看，就不那麼絕對了。

你是否也能想像：在你遇到自己將來終身的伴侶之前，你恐怕要戀愛十次，受傷二十次？所以，每一次的受傷，都是人生的必修課。受一次傷，就在人生的課表上打一個勾，面對下一堂課。歌德所做的，大概除了打勾之外，還坐下來寫心得報告——所有的作品，難道不是他人生的作業？從少年期的《維特的煩惱》到老年期的《浮士德》，安德烈，你有沒有想過，都是他痛苦的沈思，沈思的傾訴？

你應該跟這個你喜歡的女孩子坦白或者遮掩自己的感情？我大概不必告訴你，想必你亦不期待我告訴你。我願意和你分享的是我自己的「心得報告」，那就是，人生像條大河，可能風景

清麗，更可能驚濤駭浪。你需要的伴侶，最好是能夠和你並肩立在船頭，淺斟低唱兩岸風光，同時更能在驚濤駭浪中緊緊握住你的手不放的人。換句話說，最好她本身不是你必須應付的驚濤駭浪。

可是，我不能不意識到，我的任何話，一定都是廢話。因為，清純靜美，白衣白裙別上一朵粉紅的蝴蝶結——誰抵擋得住「美」的襲擊？對美的迷戀可以打敗任何智者自以為是的心得報告。我只能讓你跌倒，看著你跌倒，只能希望你會在跌倒的地方爬起來，希望陽光照過來，照亮你藏著憂傷的心，照亮你眼前看不見盡頭的路。

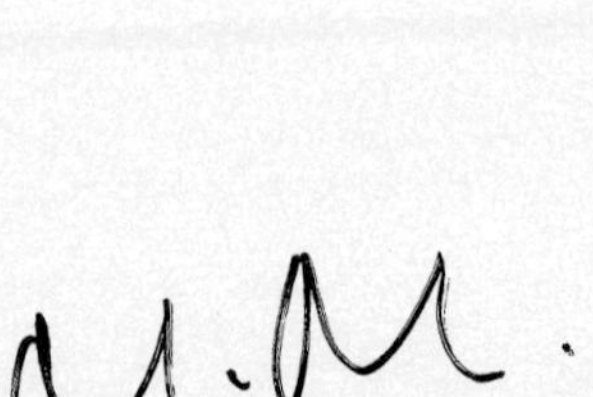

第12封信

讓豪宅裡起戰爭

MM：

這個月實在沒什麼值得談的，每天都在準備畢業會考，雖然足球還是照踢。也因為每天都在拚命讀書，所以禮拜五發生的事情就更稀奇了。那天中午，整個十到十三年級的班都被叫到會議廳去集合。我到了會議廳，看見校長已經拿著麥克風站在前面。我們都很驚訝，一定有什麼驚天動地的大事發生了，才會有這樣的陣仗。你也知道，德國學校一般是沒有集會的，什麼朝會、週會、升旗降旗、開學或結業什麼的，都沒有。

大家坐定了以後，校長就開始解釋：我們高中部的一個學生會幹部——就叫他約翰吧——被幾個陌生人圍毆而受傷，我們學校絕不容許這樣的事情發生。他呼籲所有的同學團結一致，譴責暴力，並且給被打傷的同學精神支持。

好了，大家都很激憤啊。但是緊接著「流言」就開始了，而且「流言」還得到證實：打約翰的是本校學生，但所謂「圍毆」，其實是一小撮人圍著他理論，然後打了他一個耳光，只是這樣。

學校召集我們，想培養一個團結互愛的氣氛，但是真相一出

來，很多人，包括我，都覺得超級反感。搞什麼呀，我們是畢業班的學生，正在上一堂重點課，中斷講課，就為一個學生被人打了一個巴掌？

MM可能會覺得，嘿，安德烈，你怎麼這麼不講道義，缺同情心，你應該支持那個被打的學生啊。

我只能告訴你，MM，我在這所中學九年了，這件事在我和我的朋友心目中，是個笑話。克倫堡中學是一個典型的富裕的郊區中學，平常安安靜靜的，但是我也不是沒見過學生拿著小刀追趕，也不是沒見過學生抓著球棒打混架，學校當局也知道，但是從來沒管過。怎麼這一回，突然這麼「積極」啊？

看我能不能跟你說清楚。德國中學分成三股，你知道的，「主幹中學」（五年級到九年級）是最基本的國民基礎教育，學生畢業之後通常只能開卡車、收垃圾、做碼頭工人等等，甚至根本就找不到工作；「實業中學」（五年級到十年級）主要是職業教育，培養各種工匠技師，從麵包師、木匠鎖匠到辦公室小職員，都是這裡出來的；然後是「完全中學」（Gymnasium，五年級到十三年級），等於是大學的先修班，培養將來的精英。我們的學校是一種綜合中學，三股都在一個校園裡。

我所看見的打架，基本上都發生在「主幹中學」的班裡，這些學生很多來自低薪家庭，多半是新移民——來自阿富汗、伊朗、土耳其的穆斯林。移民有很多適應的困難，所以很多學生也來自問題家庭。好，你現在明白我的反感了吧？為什麼「主幹」那些學生被刀子追殺的時候，你不在乎，「完全中學」的學生被打了一個耳光，你就突然這麼緊張，這麼鄭重？

年輕人起衝突是常有的事，但我還真是第一次看見有人正經八百告到學校去。我不敢說我懂「江湖」，但是我相信我知道怎麼跟「那些人」打交道，甚至交朋友。「那些人」並不都是流氓。事實上，穆斯林是不喝酒，不嗑藥的。他們只是跟中產階級德國人有很不一樣的價值觀，尤其是對於什麼叫「尊敬」或者「榮譽」。他們可能表現出比較強的攻擊性，但主要的問題在於他們有不同的價值認同。

我認識這個被打的約翰，家裡很有錢，是那種很幼稚、膽小怕事的人，觀念完全是有錢的中產階級極端保守的價值觀。我的意思是說，他就是那種絕不會晚上溜出去會朋友，而且動不動就「我媽媽說」的年輕人，活在一個「白麵包」世界裡，根本不知道真實的世界是怎麼回事。

但是後來的發展才真叫我火大。學校網頁上有個學生論壇，很多同學上網討論這個「約翰事件」。有一個「安妮」女生這樣寫：

> 我們學校愈來愈沈淪，愈低級了，變成一個暴徒、無產階級、白癡橫行的地方。如果再這樣下去，我認為我們學校將來收學生時，應該要先看學生的家庭背景和社會階級，再決定他夠不夠資格進來。我真的無法以學校為榮了，「那種」學生愈來愈多……。

不可思議的荒謬，MM，我並不贊成暴力行為，我承認絕大部分的打架都發生在「主幹中學」，我也承認大部分的「主幹中學」學生來自所謂「下層社會」，而「下層社會」問題真的很多，但是我無法接受學校把這些學生拿來做問題的 scapegoat，代罪羔羊。我更沒法忍受這種典型的私立學校精英思維：勢利、傲慢、自以為高人一等，以為自己「出身」好，國家就是他的。

你知道我在網上怎麼回應那個「安妮」嗎？我只寫了一句話：

> 讓木屋裡有和平，讓豪宅裡起戰爭！

Andreas
2005.02.20

德國時間下午5：00
香港時間午夜12：00

M：最後一句話出自哪裡？

安：Georg Büchner，1833年。他用法國大革命的標語來鼓動德國農民起來反抗貴族。

M：為何引用這句話？

安：我的意思是，德國在十九世紀變成統一的國家是以這種平等理念做基礎的，「安妮」這種人不知離這理念有多遠。

M：在你的同學裡，想法和你比較相近的是少數還是多數？

安：你是說，不贊成這種階級意識？

M：對。

安：多數。

M：Büchner是個天才；死的時候才26歲。

安：哇，老媽——你也知道他？他十七、八歲寫的書，對1848年德國革命發生很大影響。

M：MM還知道，1833年法蘭克福的大學生起來革命，佔據了軍營，把槍枝和彈藥交給農民，要農民起義，但是農民不理會，所以革命失敗了。安，如果把你放在左傾—右傾的光譜上，你覺得自己是偏左還是偏右？

安：中間。有些議題左，有些議題右。其實，我不夠懂，不敢談。在歐洲這還是個每天被討論的題目。我問你一個問題。

M：什麼？

安：我在準備考試，沒時間看新聞，但是瞥見德國電視裡好像有關於中國和台灣的報導——這幾天中國和台灣在發生什麼事啊？

M：中國共產黨在開年會，要通過一個法叫「反分裂法」，讓武力攻台有法的依據。

安：真有趣。以前納粹也是這樣，做任何事都先立個法，他們很強調「於法有據」。

M：哈，安德烈，你知道為什麼有人稱二十一世紀的中共政權為「成熟的法西斯」了吧？

安：喔……好，我要走了。

M：對不起，你媽能不能問你要去哪裡，做什麼？

安：踢球啦。☺

第*13*封信

向左走，向右走

親愛的安德烈：

很久沒回台北了。昨天回來，就專心地看了一個多小時電視新聞。那一個多小時之中，四、五個新聞頻道轉來轉去播報的都是一樣的新聞內容，我綜合給你聽：

一、天氣很冷，從來不下雪的地方也下雪了。人們成群結隊地上山去看雪。但是因為不熟悉雪所以衣服穿得太薄，於是山村裡的小診所就擠滿了感冒的病患。有四十六個人因為天冷而病發死亡。

二、半夜裡地震，強度五點九。（是，確實搖得厲害，我也被搖醒了）電視報導很長，鏡頭有：一，超市裡的東西掉下來了；二，狗啊、鹿啊、牛啊、老鼠啊，都有預感似地好像很不安；三，有人有特異功能，預測了地震會來，但是預測日期錯了；四，醫院裡護士被地震嚇得哭了；六，有人抱著棉被逃出房子，帶著肥豬撲滿。

三、有個小偷在偷東西，剛好碰上地震，摔了下來，被逮個正著。小偷偷不到東西是「歹運」象徵，所以他手裡還

抓著一條女人的內褲。

四、天氣冷，人們洗熱水澡，七個人被一氧化碳毒死了。鏡頭：屍體被抬出來。

五、賓館裡發現兩具屍體。

六、一輛汽車衝進菜市場，撞傷了十來個人。

七、一個四歲的小女孩被她的祖母放在豬圈裡養了兩年。

八、一個立法委員結婚，幾個政治人物去吃飯，誰和誰坐在一起，有沒有和彼此講話。

九、街上有遊行示威，反對中共制訂「反分裂法」。鏡頭：老人暈倒，小孩啼哭，綁了蝴蝶結的可愛小狗兒們撲來撲去。

十、媒體採訪北京的兩會，記者們跑步進入會場，摔倒了。

十一、燈節的燈熄了。

好了，這就是二〇〇五年三月六日台灣的新聞內容。北京的兩會氣氛究竟怎麼樣？香港的特首下台、政制改變的事有何發展？國際上究竟發生了什麼事？我一件也沒聽見。只好上網，然後才知道：

敘利亞提議要逐步從黎巴嫩撤兵，伊朗聲言要繼續發展核武；好不容易被搶救釋放卻又被美軍槍擊的義大利女記者認為美軍是蓄意射殺；聯合國發表新的報告，估計二〇二五年非洲可能有八千九百萬愛滋病患者；北剛果的部落屠殺進行中；莫爾多瓦今天國會大選，但是反對派指控現任總統壟斷媒體，做「置入性行銷」，而且用警察對付反對黨，是最獨裁的民主……。

有一個消息，使我眼睛一亮：南美洲的烏拉圭新總統華茲奎茲宣誓就職。

這有什麼稀奇，你說？

是滿稀奇的，安德烈。這個新總統是個社會主義者。在烏拉圭的歷史上，這是第一次左派當政。而主持宣誓的國會議長，穆吉卡，在六〇年代竟是 Tupamaro 游擊隊反抗運動的創始人。為了消滅他的游擊隊，一九七二年烏拉圭政府開始讓軍人掌政，固然消滅了游擊隊，也為烏拉圭帶來十三年的軍事獨裁，被殺害被凌虐或失蹤的人不計其數。穆吉卡也是曾在監獄裡被凌虐的反叛分子。

我讀到這類的消息，感觸是比較深的，安德烈。你是否看見兩個現象：在烏拉圭，恐怖的軍事獨裁結束二十年後，革命家和叛亂者變成了執政者。在本來屬於蘇聯集團的莫爾瓦多，一黨專政走向了民主選舉。時代，似乎真是進步了，不是嗎？

可是你發現，莫爾多瓦的掌權者事實上仍是共產黨，只不過，這個共產黨是透過民主的選舉形式產生出來的。在形式的後面，有媒體的操弄、權力的恐嚇、資源的獨佔壟斷，一切以民主合法的「形式」進行。至於烏拉圭，革命家、改革家、理想主義者一旦掌權，會變出什麼面目？從台灣的經驗來說，我還真沒信心。在台灣看到太多墮落的英雄、虛假的民主鬥士、輕易讓權力腐蝕、人格破產的改革者和革命家。中共的歷史就更不堪了。

華茲奎茲是個左派——你說「左」是什麼意思？

法國對人類社會的貢獻實在不小。法國大革命不只給了歐洲革命的營養，也給了我們「左」和「右」的概念。你們初中課程裡就有政治學，一定知道這「左」和「右」的語詞來源。法國在大革命期間的國會裡，支持王權和貴族的人坐在右邊，主張改革的坐在左邊。調皮的法國人隨便坐坐，就影響了全世界到今天。好玩的是，當初坐在左邊的法國人，事實上大多是資產階級，反

對的是王權和貴族，支持的是資本主義和自由貿易，正是今天的某些「左」派所視為毒蛇猛獸的東西。

柏林有個新的左派雜誌在今年二月出版了，雜誌就叫《反柏林》——我剛把網頁傳給飛力普看——他剛放學進門。我想像，如果在北京出個雜誌叫《反北京》或《反中國》，可能有人要被逮捕。那麼在台北出個雜誌叫《反台灣》？在香港出版《反香港》？可能都要吃不了兜著走。《反柏林》雜誌和許多左派刊物一樣，對許多議題進行大批判，號召讀者各地串連，參與示威：三月十九日，請大家到布魯塞爾聚集示威遊行，歐盟高峰會議在那裡舉行；五月八日是歐戰結束六十週年，請大家到柏林聚集，反制右派分子的遊行；七月，請大家趕到蘇格蘭，八個工業國高峰會議將在那裡舉行……。

左派號召群眾在五月八日到柏林去紀念歐戰結束六十年，有幾條滿動人的標語：

蘇聯抵抗納粹的戰線有兩千公里長，犧牲了兩千萬人的生命——我們感謝蘇聯紅軍的英勇。

我們感謝所有的地下抵抗者。

我們哀悼所有法西斯和戰爭的被害。
我們要求所有被納粹強徵的勞工得到賠償。

這其實不再是「左派」理念，它已經成為德國的主流觀點。在日本，對比就很尖銳了。也是「終戰」六十週年，曾經被日本侵略的亞洲國家，覺得還沒得到正義的補償。日本的「左眼」，不夠強。

可是在今天的中國，你知道嗎？我們說的「左」，在他們是「右」，他們說「右」，其實接近我們的「左」；應該是最「左」的共產主義，今天最「右」，比資本主義還資本主義。所以跟中國人說話，你要特別注意語彙的「魚目混珠」。

（飛力普看完了《反柏林》，長長的腿晃過來說，「哇，受不了！這麼左的雜誌。」我就問他，「那你是什麼？」他說，「中間。因為極左跟極右，像站在一個圓圈上，看起來像是往兩個相反方向走，其實最後會碰頭，一樣恐怖啦。」）

你對「安妮」的階級意識和精英思維反感，大概有資格被歸到「左」的光譜裡去。我隨便在辭典裡找出一條對「左」的定義，就是：主張平等，強調社會公義，譬如工人權益或者工會權

利；比較關切窮人和弱勢的處境，反對民族主義，反對階級和威權，與傳統文化保持距離，對特權和資產階級充滿懷疑。「左」派傾向用「進步」來描繪自己。

如果在一條直線上，你一定要我「選邊站」——站在中間「偏左」還是「偏右」的位置，我萬不得已會選擇「左」。說「萬不得已」是因為，老天，如果說我目睹和親身經歷的二十世紀教了我任何東西的話，那就是：不要無條件地相信理想主義者，除非他們已經過了權力的測試。一個有了權力而不腐化的理想主義者，才是真正的理想主義者。不曾經過權力測試而自我信心滿滿、道德姿態高昂的理想主義者，都是不可靠的。從毛澤東到眼前台灣政壇上的得意混混，哎，太多了。

我曾經跟德國有名的女性主義作家愛麗斯．許華澤談到這個題目。我說，台灣那麼多「得意混混」，是因為我們的民主太年輕，還在幼稚階段。她大大不同意，說，德國的民主有五十年了，不算幼稚了，但是「混混」更多，包括現任總理施若德。

好啦，最最親愛的，我究竟想跟你說什麼呢？

我實在以你有正義感和是非的判斷力為榮耀，但是我也願你看清理想主義的本質——它是珍貴的，可也是脆弱的，容易腐蝕

腐敗的。很多人的正義感、同情心、改革熱情或革命衝動往往來自一種浪漫情懷，但是浪漫情懷從來就不是冷酷現實的對手，往往只是蒙上了一層輕霧的、假的美麗和朦朧。我自然希望你的理想主義比浪漫情懷要深刻些。

我不知道該不該和你說這些，更不知十九歲的你會怎麼看待我說的話，但是我想念你，孩子，在這個台北的清晨三點，我的窗外一片含情脈脈的燈火，在寒夜裡細微地閃爍。然而，母親想念成長的孩子，總是單向的；充滿青春活力的孩子奔向他人生的願景，眼睛熱切望著前方，母親只能在後頭張望他愈來愈小的背影，揣摩，那地平線有多遠，有多長，怎麼一下子，就看不見了。

2005.03.09

第14封信

祕密的、私己的美學

MM：

音樂，已經成為我呼吸的一部分。

早上醒來第一件事，就是把電腦打開，讓裡面的音樂流出。在音樂聲裡穿好衣服。吃早點，打開廚房的收音機。走路上下學的一路上，我的MP3音量跟著我走。我可以一整天留在房間裡整理我的音樂存檔，同時聽幾首不同的曲子，一個小時又一個小時，在音樂裡流連。不管在廚房、在浴室、在書房，任何時候，我活在音樂裡。

不知道從何時開始進入了音樂的世界？小時候，從來沒喜歡過你和爸爸聽的古典音樂，更不喜歡你有時候放的歐洲歌曲，法國的「香頌」或者德國的民歌對我，都是俗氣的 Kitsch。記得有一兩次你和朋友們放了六〇年代的搖滾樂，甚至在客廳裡跳舞。但是，我發現你們其實並不是真正的「聽」音樂。

不過你們還是影響了我對「歌曲」的喜愛。我喜歡旋律優美的音樂，崇拜爵士樂。十幾歲的時候，曾經對 Hip Hop「嘻哈」音樂狂熱，隨之深入了美國的黑人文化。聽「嘻哈」的時候，我一般不聽大家都在聽的熱門歌曲，而是尋找一般人不知道的冷

門曲子。一旦發現一首有意思的曲子，而且是朋友裡沒人聽說過的，那真是如獲至寶。拿這曲子和同樣興趣的朋友共享，大夥一起聽，然後會有無窮無盡的討論，討論歌詞裡最深刻的隱喻和最奇怪的思想觀念，那真是不可言傳的獨特經驗——我不能跟你解釋，因為那種經驗是只為那一個時刻和氣氛而存在的，就如同那些歌曲本身，不可言傳而獨特。

德國時間晚上9：30
香港時間清晨3：30

M：飛力普讓我看了些「嘻哈」的歌詞，很多有強烈的政治、社會批判意識。我嚇一跳：15歲的青少年怎麼會欣賞這種社會批判的歌？

安：譬如什麼？

M：譬如這一首——

「我在貧民窟裡長大
看不盡的殺戮
其實就是個毒販集合所
我的成功，卻是因為它
適者生存，每天活著就是挑戰
我以為我是個驕傲的美國人
一碰到種族問題，發現自己是外國人……」

安：這種並不是現在流行的「嘻哈」，現在流行的「嘻哈」是這樣的——

「錢、錢、錢，嘩啦啦進了我的撲滿
世界奈我何，抓了奶罩，玩「三匹」
世界奈我何，吸口膠，打個屁
世界奈我何，犯個法，飆個車……」

M：哇，虛無主義！

安：你要看更糟的嗎？還有這種——

「射水到洞裡，射水到洞裡，射水到洞裡……」

M：哇，好髒！

安：「玩伴們，挺起你們的傢伙……」

M：哇，雄性沙文主義！

安：還有——

「我要把你搞到死，搞到死，搞到死……」

M：獸性沙文主義！

安：對啊！流行的「嘻哈」歌曲充滿對女性的性暴虐，可是竟然還有女歌手也唱同樣的調調。我覺得滿奇怪的。

對我而言，一支歌曲好不好有三個要素：氣氛，歌詞，音樂，但不一定要三個元素同時並存，往往一個元素就行。一支歌，如果能散發出最好的氣氛，不一定需要最好的歌詞，因為氣氛本身能使人愉快或是悲傷。歌詞寫得好，能讓你會心微笑或者沈入憂鬱。音樂好，歌就纏住了你的腦袋，不管它的詞多笨或者氣氛不怎樣。

最怕的是，一首好歌變成流行曲時，它就真的完了。不管那首歌的歌詞有多麼深刻，旋律有多麼好聽，當每一個人都在唱它，每一個酒館裡喝得爛醉的人一邊看足球賽一邊都在哼它，這支歌就被「謀殺」了。再好的歌，聽得太多，就自動變成Kitsch，所以我絕不「濫」聽歌。有時候，我會放三十首歌，一支一支聽，心裡其實一直等，等著那一首歌出現。終於等到的時候，那個美感值更高。

在一個週日的早上懶洋洋地醒來，看見外面純淨深藍的天空，可以聽一支深愛的歌——還有什麼比這更美好的呢？

然而當我對一首歌開始感覺厭的時候，我就緊張了：老天，我需要一首新歌。這就是一個新的探索旅程的開始。你開始尋找：一段廣告音樂，音樂課裡一段偶然聽到的旋律，在別人的派

對上突然飄過來的一支歌，MTV裡的片段……我尋尋覓覓。最有用的地方，當然是網絡。

我知道音樂廠商都被網絡的下載作用嚇壞了，可是，MM，我有不同的看法。廠商這麼多年來「濫造」了那麼多的廉價歌手，粗製了那麼大量俗爛的音樂，賺飽了錢，現在總算知道，不能再這樣下去了。聽音樂的人已經發現：俗爛的音樂從網絡下載

M：安，女人並不一定就有女性意識，男人不一定不是女權主義者。差別在頭腦，不在性器官。

安：我知。熱門排行版上的歌，大概就是這個程度的——我帶你到糖果店，我要「XX」你，被「條子」逮了，貧民窟生活……。

M：那有什麼稀奇？當年的鄉村歌曲不也是這些？我爸是個酒鬼，我媽是個婊子，我十三歲就被強姦什麼的……

安：對，不過「嘻哈」更直接，更粗暴。

M：明白了。虛無主義＋雄性沙文主義＋拜金主義＋性濫交＋粗話髒話＝酷，美國黑人又in，所以青少年就喜歡了？

安：差不多。可是原來的「嘻哈」是很美、很有深度的。你看這一首——

「聖誕節媽媽給了你生平第一輛單車
好像第一次打贏一場架
好像你的球隊得了第一名
狂喜在大雨中擁抱
好像看見一顆流星閃過
原來努力了
夢真的可以出現」

M：嗯，是現代詩嘛。我要走了——

安：慢點，還沒完——

「聾子聽見了聽見他情人的聲音
瞎子看見了看見第一次的日出
啞巴說話了他清晰無比……
寫一首曲子傳唱一千年」

M：這是現代詩，綴在音樂裡。

安：對。好的「嘻哈」就是詩。但是好的少，爛的多。

M：金塊和泥沙總是混在一起的。這也是流行文化的特徵啊。

安：什麼意思？

M：流行文化經過時間的篩子，泥沙被淘汰，金塊被留下，留下的就被叫做經典或古典……。☺

就好，聽完就丟；只有真正好的藝術家、真正好的音樂碟片，才值得你掏錢去買。

在這樣的邏輯下，那些爛音樂逐漸被淘汰，留下好的藝術——這難道不是正面的發展嗎？「網絡音樂革命」革掉的是壞的音樂，嚴肅的藝術家反而有了活路，找到了知音。在德國就是這樣，突然冒出來很多極為深刻的創作者，取代了那些被廠商操作製造出來的假偶像。

我不知道你要怎麼回覆我這封信，因為你不是樂迷。但是，MM，你「迷」什麼呢？你的寫作，或者文學，所帶給你的，是不是和音樂所帶給我的一樣：一種獨特的、除了你自己之外沒有人能窺探的一種祕密的、私己的美學經驗？

Andreas

2005.03.31

第15封信

菩提本非樹

親愛的安德烈：

你知道嗎？我這一代人的音樂啟蒙是歐美歌曲。小時候最愛唱的一首「憶兒時」：「春去秋來，歲月如流，遊子傷漂泊……」或者大家都會唱的「長亭外，古道邊，芳草碧連天……」，李叔同的歌詞恬淡典雅，像宋詞，所以我一直以為是中國的古典音樂，長大之後才知道曲子都是從美國或德國的歌曲改編的。

德國藝術歌曲在小學音樂課裡教得特別多：「羅蕾萊」、「菩提樹」、「野玫瑰」、「鱒魚」……舒伯特的「冬之旅」裡許多歌是我們從小就學唱的。你可以理解為什麼當我後來到了德國，發現德國的孩子竟然不聽不唱這些歌，我有多麼驚訝。好像你到中國，發現中國孩子不讀論語一樣。

「菩提樹」這首歌是很多台灣人的共同記憶，因為舒伯特的音樂哀愁，因為穆勒的歌詞美麗，可能也因為，菩提樹在我們的心目中，牽動了許多與智慧、覺悟、更高層次靈魂的追求有關的聯想。

菩提樹，桑科，學名叫「Ficus religiosa」，屬名 Ficus 就是

榕屬（又稱無花果屬），而種名 religiosa 說明了這是「信仰」樹。三千多年前，釋迦摩尼在中印度的摩揭陀國伽耶城南的菩提樹下悟道成佛，因此這個在印度原有「吉祥樹」之稱的畢鉢羅樹，就被稱為「Bodhi-druma」，菩提樹，「覺智」之樹。而後阿育王的女兒帶了一根菩提樹的枝條，到了斯里蘭卡古都的大眉伽林（Mahamegha），深深種下。到今天，那棵樹仍舊枝葉葳蕤。

而中國也在南朝時，也就是一千七百多年前，引進了菩提樹，種在廣州。我在今年一月到了廣州光孝寺，去看六祖慧能剃度的那株菩提樹，心中仍然萬分的震動。你不知道慧能，我只能比喻，就彷彿你看見馬丁路德手植的一棵樹吧。

然後我發現，你們根本不唱舒伯特的歌。是的，音樂老師教你們欣賞歌劇，聆聽貝多芬的交響樂，分析舒伯特的「鱒魚」，但是我們在學校音樂課裡被當作「經典」和「古典」歌曲教唱的德國藝術歌曲，竟然在德國的音樂課裡不算什麼，我太訝異了。

「這種歌，」飛力普說，「跟時代脫節了吧！」

我有點被冒犯的感覺。曾經感動了多少「少年十五二十時」的歌，被他說「脫節」；這種歌怎麼會「脫節」？我怒怒地瞪了他一眼。

舒伯特這首歌的德文名稱是「Der Lindenbaum」，中文和日文都被翻譯做「菩提樹」，於是當我到了東柏林那條有名的大街「Unter den Linden」，以為夾道的應該就是「菩提樹」了，但是那立在道旁的，卻完全不是菩提樹，而是一種我在台灣不曾見過的樹。這究竟是什麼樹呢？它既不是菩提，為什麼被譯成「菩提」而被幾代人傳唱呢？

我花了好多時間搜索資料，查出來 Linden 可能叫做「椴樹」，但我沒見過椴樹。打聽之後，朋友說北京有我描述的這個樹，於是我蒐集了 Linden 樹的葉片、花、果實，帶到北京去一一比對。總算確認了，是的，舒伯特「冬之旅」中的這首曲子，應該翻譯做「椴樹」。

椴樹，學名是 Tiliaceae，屬椴樹科。花特別香，做出來的蜜，特別醇。椴樹密布於中國東北。歐洲的椴樹，是外來的，但是年代久遠了，椴樹成為中歐人心目中甜蜜的家鄉之樹。你知道嗎，安德烈，從前，德國人還會在孩子初生的時候，在自己花園裡植下一株椴樹，相信椴樹長好長壞就預測了孩子未來的命運。日耳曼人把椴樹看做「和平」的象徵，它的守護神就是女神芙瑞雅，生命和愛情之神。

追究到這裡，我才恍然大悟，原來，有水井之處必有椴樹，椴樹對一個德國人而言，勾起的聯想是溫馨甜美的家園、和平靜謐的生活、溫暖的愛情和親情。因此歌詞是：

井旁邊　大門前面
有一棵　椴樹
我曾在樹蔭底下
做過甜夢無數……

舒伯特的漂泊旅人，憂苦思念的是他村子裡的水井、椴樹，和椴樹的清香所深藏的靜謐與深情。

安德烈，我被這個發現震住了。因為，「菩提樹」所蘊含的意義和聯想，很不一樣啊。菩提樹是追求超越，出世的，椴樹是眷戀紅塵，入世的。

至今我不知那翻譯的人，是因為不認得椴樹而譯錯，一錯就錯了將近一個世紀；還是因為，他其實知道，而決定以一個美學的理由故意誤譯。如果這首歌譯成「椴樹」，它或許不會被我們傳唱一百年，因為「椴樹」，一種從未見過、無從想像的樹，在我們心中不能激起任何聯想。而菩提樹，卻充滿意義和遠思。

最符合椴樹的鄉土村里意象的，對我們生長在亞熱帶的人而言，可能是榕樹，但是對黑龍江滿植椴樹的地方，這首歌或許就該叫「椴樹」呢。

回到你的「嘻哈」音樂，親愛的，我想可能也有一種所謂「文化的創意誤解」這種東西。美國黑人所編的詞，一跨海到歐洲，歐洲人所接收的意義就變了質。所以低俗粗暴的可能被當作「酷」，而歐洲你認為是 Kitsch 的，可能被別的文化圈裡的人所擁抱。音樂的「文本」，也是一個活的東西，在不同的時空和歷史情境裡，它可以像一條變色龍，我覺得不必太認真。

我的「祕密的、私己的美學經驗」是什麼？親愛的，大概就是去找出椴樹和菩提樹的差別吧。

M.M.

2005.04.30

第16封信

藏在心中的小鎮

ＭＭ：

我畢業了。

此刻，我正坐在陽台上。傍晚的陽光穿過樹林，把長長的樹影灑地面上。剛下過一陣雨，到處還是濕的。我點起一根菸，給自己倒了一杯紅酒，看天空很藍。煙，一圈圈緩緩繚繞，消失，我開始想那過去的日子。

是不是所有畢業的人都會感到一種慢溫溫的留戀和不捨？我要離開了，離開這個我生活了一輩子的小鎮——我的「家」。我開始想，我的「家」，又是什麼呢？最重要的不是父母（ＭＭ別生氣啊），是我的朋友。怎麼能忘記那些星期天的下午，總是蹉跎逗留到最後一刻，假裝不記得還有功課要做。在黑暗的大雪夜裡，我們擠進小鎮的咖啡館喝熱呼呼的茶。在夏日明亮的午後，我們溜到小鎮公園的草坪去踢足球，躺在池塘邊聊天到天黑，有時候水鴨會嘩一聲飛過我們的頭。

一個只有兩萬人口的小鎮克倫堡，聽起來好像會讓你無聊死，尤其對我們年輕人，可是，我覺得它是「家」，我感覺一種特別的眷戀。人們可能會以為，這麼小的小鎮，文化一定很

單調，裡頭的居民大概都是最典型、最沒個性、最保守的土德國人。其實正好相反，克倫堡國際得很。就拿我那三個最好的朋友來說吧，你或許還記得他們？

穆尼爾，是德國和突尼西亞的混血，生在沙烏地阿拉伯，然後在杜拜、突尼西亞長大。佛瑞弟，跟我「穿一條褲子」的哥兒們，是德國和巴西的混血，除了德語之外會講葡萄牙語、西班牙語、法語和英語。大衛——一看這名字你就知道他是猶太人。大衛的母親是德國人，父親是以色列人，所以他也會說意第緒語。然後是我自己，是德國和台灣的混血。我們四個死黨走上街時，簡直就是個「混血黨」。但是你要知道，我們在克倫堡一點也不特別，我們這樣的背景幾乎是克倫堡小鎮的「典型」。

死黨外一圈的好朋友裡面，我用手指可以數出來：印度人、巴基斯坦人、土耳其人、西班牙人、法國人、英國人、美國人、韓國人……。當然，不同的文化背景確實有時候會引發爭執，但是大部分的時候，「混血兒」和「混血兒」還處得特別好，特別有默契。

譬如說，我們隨便到一個空的足球場，準備踢球。不管認不認識，人數一夠，就開始組隊比賽。幾乎每一次，會自然而然分

成兩隊：德國隊和國際隊。凡是有國際背景的就自動歸到國際隊去了。這和種族主義沒任何關係，大家只是覺得這樣比較好玩。我自己從來沒有因為我的中國血統（還是應該說「台灣血統」？很麻煩哩，MM）而受到過任何歧視。而且，我們常常開種族差異的玩笑。

昨天我和佛瑞弟，還有佛瑞弟的金髮女朋友一起看足球賽。剛好是巴西對阿根廷——兩個不共戴天的世仇。佛瑞弟當然很激動地在為他的巴西隊加油，我就故意給阿根廷加油。足球賽一定會引發政治和文化的衝突的，很快我們就變成真正在爭吵，巴西人跟阿根廷人誰比誰傲慢、愚笨、醜陋等等。吵到一半，佛瑞弟的女朋友好奇地問，「如果你們兩個人都是純粹德國人的話，會怎麼吵法？」

我們楞了一下，然後兩個人幾乎同時說，「那我們會悶死，跳樓算了。」

多國文化，就像湯裡的香料，使生活多了滋味。

我馬上要去香港了，那是一個多麼不一樣的世界。我發愁的是，我怎麼跟我的克倫堡朋友們說再見？你怎麼跟十年來都是你生活核心的好友說再見，而心裡又知道，人生岔路多，這種再見

很可能是永遠的？甚至那些你沒有深交，但是很喜歡的人，你還沒有機會去告訴他們你對他們的好感，以後，他們將從你的人生完全地消失。

我感覺一種遺憾，和憂愁。你或許會說，安德烈，人生就是這樣，一條線往前走，沒什麼好遺憾的。我知道，但是，我還是覺得遺憾，不捨。

所以我坐在這陽台上，細細回想我們共有的美好時光，把回憶擁在心裡。是得往前走，但是知道我從哪裡來。

Andreas

2005.07.07

第*17*封信

你是哪國人？

親愛的安德烈：

我也聽一個尼加拉瓜人這樣講阿根廷人：在酒館裡，一個尼加拉瓜人問另一個尼加拉瓜人，「Ego是什麼？」被問的人答道，「就是在我們每個人心中都有的一個小阿根廷人。」旁邊一個阿根廷人聽到了，站起來粗聲質問，「你說『小』阿根廷人，什麼意思？」

你不用道歉，我明白我不是你最重要的一部分。那個階段，早就過去了。父母親，對於一個二十歲的人而言，恐怕就像一棟舊房子：你住在它裡面，它為你遮風擋雨，給你溫暖和安全，但是房子就是房子，你不會和房子去說話，去溝通，去體貼它、討好它。搬家具時碰破了一個牆角，你也不會去說「對不起」。父母啊，只是你完全視若無睹的住慣了的舊房子吧。

我猜想要等足足二十年以後，你才會回過頭來，開始注視這沒有聲音的老屋，發現它已殘敗衰弱，逐漸逐漸地走向人生的「無」、宇宙的「滅」；那時候，你才會回過頭來深深注視。

你畢業了。好幾個鏡頭重疊在我眼前：你從幼稚園畢業，因為不了解「畢業」的意思，第二天無論如何仍舊要去幼稚園。

到了那裡一看，全是新面孔——朋友全不見了。你呆呆地站在門口，不敢進去，又不願離去，就站在那門口，小小的臉，困惑、失落。「他們，」你說，「他們，都到哪裡去了？」

然後是上小學第一天。老師牽起你的手，混在一堆花花綠綠、嘰嘰喳喳的小學生裡，你走進教室。我看著你的背影消失在門後；你的背著書包的背影。

在那個電光石火的一刻裡我就已經知道：和你的緣分，在這一生中，將是一次又一次地看著你離開，對著你的背影默默揮手。以後，這樣的鏡頭不斷重複：你上中學，看著你衝進隊伍，不再羞怯；你到美國遊學，在機場看著你的背影在人群中穿插，等著你回頭一瞥，你卻頭也不回地昂然進了關口，真的消失在茫茫人海中。

畢業，就是離開。是的，你正在離開你的朋友們，你正在離開小鎮，離開你長大的房子和池塘，你同時也正在離開你的父母，而且，也是某一種永遠的離開。

當然，你一定要「離開」，才能開展你自己。

所謂父母，就是那不斷對著背影既欣喜又悲傷、想追回擁抱又不敢聲張的人。

你有一個「家」，而這個「家」是克倫堡小鎮，安德烈，這不是偶然的。這要從你的母親開始說起。如果你用英文 google 一下你母親的履歷，你會發現這麼一行描述：「生為難民的女兒，她於一九五二年出生在台灣。」難民，在英文是「庇護民」（refugee），在德文是「逃民」（Flüchling）。所謂「逃難」，中文強調那個「難」字，德文強調那個「逃」字。為了逃離一種立即的「難」，「逃民」其實進入一種長期的、緩慢的「難」——拋棄了鄉土、分散了家族、失去了財產、脫離了身分和地位的安全託付、被剝奪了語言和文化的自信自尊。「逃」，在「難」與「難」之間。你的母親，就是二十世紀的被歷史丟向離散中的女兒，很典型。

所以她終其一生，是沒有一個小鎮可以稱為「家」的。她從一個小鎮到另一個小鎮，每到一個小鎮，她都得接受人們奇異的眼光；好不容易交到了朋友，熟悉了小鎮的氣味，卻又是該離開的時候了。她是永遠的「插班生」，永遠的「new kid on the block」。陌生人，很快可以變成朋友，問題是，朋友，更快地變成陌生人，因為你不斷地離開。「逃民」被時代的一把劍切斷了她和土地、和傳統、和宗族友群的連結韌帶，她漂浮，她懸在半

空中。因此，她也許對這個世界看得特別透徹，因為她不在友群裡，視線不被擋住，但是她處在一種靈魂的孤獨中。

這樣的女兒長大，自己成為母親之後，就不希望兒女再成「逃民」。她執意要給你一個家，深深扎在土地上，穩穩包在一個小鎮裡，希望你在泥土上長大；希望你在走向全球之前，先有自己的村子；希望你，在將來放浪天涯的漂泊路途上，永遠有一個不變的小鎮等著接納你，永遠有老友什麼都不問地擁你入懷抱。她不要你和她一樣，做一個靈魂的漂泊者——那也許是文學的美好境界，卻是生活的苦楚。沒有人希望她的孩子受苦，即使他可能因為苦楚而變得比較深刻。

我感覺到你信裡所流露的惆悵和不捨。難道，你已經知道，「畢業」藏著極深的隱喻？難道，你已經知道，你不僅只在離開你的小鎮，你的朋友，你同時在離開人生裡幾乎是唯一的一段純潔無憂的生活，離開一個懵懂少年的自己，而且是永遠地離開？那些晨昏相處、相濡以沫的好朋友們，安德烈，從此各奔四方，歲月的塵沙，滾滾撲面，再重逢時，也已不再是原來的少年了。

我又想起你站在幼稚園門口徘徊的那一幕。

是的，我記得克倫堡的街坊國際人多、混血兒多。所以我

很高興你一點也不特出。也因為小鎮種族和文化多元，所以我這「外籍媽媽」在任何場合堅持和你們說中文，一點兒也不引人側目，而且德國人羨慕你們在雙語或甚至於三語的環境裡成長。也因此，你知道嗎，安德烈，在台灣，每八個初生的嬰兒裡有一個是「外籍媽媽」生的，但是很多台灣人並不尊重這些「外籍媽媽」的文化和語言——越南語、馬來語、菲律賓語……。在許多人心目中，這些都是次等的文化和語言，以強勢文化的姿態要求這些「外籍媽媽」們「融入」台灣，變成台灣人。我想，如果德國人以強勢文化的高姿態要求我不要和我的孩子說中文，要求我「融入」，變成德國人——你覺得我會怎麼反應呢？

學會尊重異文化真需要很長的時間。你剛好成長在德國一個比較好的時期，五十年前的德國人，我相信，不是現在這樣的寬容的。納粹時期不說，五〇年代對土耳其人的態度也是很糟的。可是國際化真的可以學習，或許對於台灣人，也只是一個時間的問題而已。但是，那時間很長，而現在在那裡養兒育女的「外籍媽媽」日子可不好過，他們的孩子也被剝奪一個多元的、為母語驕傲的教育環境。

我最近也碰到一些「奇怪」的人，「奇怪」在於，身分複

雜到你無法介紹他。我們還是習慣地說，他是日本人，他是法國人，他是印度人等等，但是對伊里亞你怎麼辦。我們都是柏林國際文學獎的評審，十個評審分別來自十個語文區，我負責華文區域。伊里亞坐在我旁邊，我問他，「你來自哪裡？」標準的見面的問候吧，但是他沈吟了半天，然後說，「我拿的是德國護照。」「喔，」我知道，麻煩了。他自己也不知該怎麼回答「你來自哪裡」這個古老而原始的問題。

伊里亞出生在保加利亞，所以說斯拉夫語系的保加利亞語。六歲時，父母帶著他逃亡到德國，為他取得了德國護照，做為保護。然後他們遷居非洲肯亞，他在肯亞上英文學校，所以他會英語和流利的非洲 Swahili。高中畢業之後他回慕尼黑上大學，取得博士學位，於是德文變成他寫作的語言。之後他到孟買去住了六年，又到阿拉伯生活了幾年，信仰回教成為虔誠的穆斯林……。

「你是哪國人？」

這個問題，在大流動的二十一世紀，真的愈來愈不好回答呢。然後我在香港遇到了「柔和」。「柔和」是一個印度名字，長得也像個印度人，有著很柔和的眼睛。他若是走在某一個城市某一條街上，人們可能直覺地以為他來自印度或巴基斯坦。但

是，不，他是香港「原住民」，已經有好幾代的家族出生在香港，比滿街的香港中國人要香港得多。他講英語，拿英國護照，但他是香港人，可是由於血統，他又不被承認是「中國」人；看起來像印度人，但是他和印度關係不深……。

「你是哪國人？」你要他怎麼回答呢？

所以我在想，全球化的趨勢這樣急遽地走下去，我們是不是逐漸地要拋棄「每一個人一定屬於一個國家」的老觀念？愈來愈多的人，可能只有文化和語言，沒有國家；很可能他所持護照的國家，不是他心靈所屬的家園，而他所願意效忠的國家，卻拒絕給他國籍；或者，愈來愈多的人，根本就沒有了所謂「效忠」的概念？

不管國家這種單位發生了什麼根本的變化，有了或沒了，興盛了或滅亡了，變大了或變小了，安德烈，小鎮不會變。泥土和記憶不會變。我很歡喜你心中有個小鎮，在你駛向大海遠走高飛之前。

2005.07.11

第18封信

哪裡是香格里拉？

親愛的安德烈：

飛力普和我到了香格里拉。

其實已是清晨兩點，怎麼也睡不著，乾脆起身給你寫信。睡不著，不是因為窗外的月光太亮，光光燦燦照進來，照白了半片地板；也不是因為荒村裡有隻失神的公雞，在這時候有一聲沒一聲地啼叫；也不是因為晚上在一個藏民家裡喝了太多酥油茶，無法入睡。是因為這三千五百公尺的高度，氧氣稀薄，人一躺下來，在靜夜中，只聽見一個巨大的怦怦響聲，從體內發出，好像有人在你身體裡植入了一張鼓，好像你的身體被某個外來部隊佔領了。

我跟飛力普說我們去香格里拉時，他很驚奇：「香格里拉？不是那個連鎖飯店嗎？」不是的，我說，飯店竊取了中國西南高原上的一個地名。香格里拉是藏語，據說意思是「心裡的日和月」，或者「聖地」。中國西南，是滿身長毛犛牛吃草的地方，是野花像地毯一樣厚，鋪滿整個草原的地方，是冰河睡了不醒的地方。怕他不願意去，我把我心中想像的香格里拉描繪給他聽。

香格里拉其實是個小鎮，小鎮原來叫中甸，「甸」，是草原

的意思。中甸政府把小鎮的名字正式改稱香格里拉，意圖不難猜測，大概就是想用這個西方人熟悉的名字來吸引觀光客。但是，想像這個：哪天哪個城市決定改名叫「烏托邦」，於是我們就會在機場裡聽見廣播：「搭乘 KA666 飛往烏托邦的旅客請到三號門登機」；怪不怪？

藏傳佛教中有「香巴拉」古國的傳說，純淨的大自然中人們過著和諧、正義、幸福的生活，和漢人流傳的「桃花源」一樣，是一個理想國烏托邦的神話，讓人憧憬，卻絕不可能實現。英國作家希爾頓在一九三三年寫了《失落的地平線》，把「尋找香格里拉」當做小說的主題，成了暢銷書，又拍成電影，編成音樂劇，「香格里拉」變成跨國連鎖飯店的名字，是標準的文化「產業化」的過程。晶瑩剔透的的高山湖泊、純樸可愛的藏族民風、靜謐深遠的心靈世界，都變成具體的可以賣的貨品了。我本來想說，中甸把自己的名字改為香格里拉，實在有點像——孔雀說自己是麒麟。何必呢？活在人們的想像裡，麒麟永遠煥發著無法著墨、不能言傳的異樣光采；一落現實，想像馬上被固化、萎縮、死亡。然而，安德烈，香格里拉都變成五星級飯店的名字了，我還該計較中甸加入這焚琴煮鶴的「文化產業化」的全球隊伍嗎？

我還是稱這小鎮中甸吧。到了中甸，我迫不及待想去看草原，「天蒼蒼、野茫茫，風吹草低見牛羊」那無邊無際的草原。還想像，跟天一樣大的草原上有莫名所之的野馬，「胡馬胡馬，遠放燕支山下，跑沙跑雪獨嘶，東望西望路迷。迷路迷路，邊草無窮日暮。」（這首詩，翻成英文可就境界全失了——沒辦法，安德烈）

熱情的朋友帶我們去看草原，我就帶著這樣的憧憬上了他的吉普車。沒想到，五分鐘就到了。草原似乎就在前面，但是前面那難看的房子是什麼？而且有人排隊，在買門票。

原來，政府把草原交給私人去「經營旅遊」，私人就在草原入口處搭出幾間小房子和一圈柵欄，收費。

我的天一樣大的草原，竟然就圈在那柵欄內。

我像一個用最高速度往前衝刺的運動員撞上一堵突然豎起的牆。啊，我的「邊草無窮日暮」……。

我曾經看過信徒祈禱、香火鼎盛的寺廟被柵欄圍住，收門票。也看過宮殿和王府被關起來，收了門票才打開；也看過古老的村子被圈起來——連同裡頭的人，收門票。但是，天一樣大的草原，地一樣老的湖泊，日月星辰一樣長長久久的野花，青草怒

長無邊無際的山谷，也被圍起來，收門票──唉，可真超過了我能忍受的限度！可是我能做什麼？

主人仍舊想讓我們看到美麗的大草原，吉普車在荒野的山裡走了二十公里。路邊的山坡上全是矮矮的小松。「從前，」他說，「這兒全是原始森林，樹又高又大，一片幽深。後來全砍光了。」

下過雨，泥土路被切出一條條深溝，吉普車也過不去了，而大草原，就在山的那一邊。我們轉到湖邊。繳費，才能進去。

安德烈，我們是在接近赤道的緯度，但是眼前這湖水，完全像阿爾卑斯山裡的湖：墨色的松樹林圍著一泓澹青透明的水，水草在微風裡悠悠蕩漾，像是一億年來連一隻小鹿都沒碰過，洪荒初始似地映著樹影和山色。人們說，野杜鵑花開時，滿山豔紅，映入水中有如紅墨水不小心傾倒進湖裡，魚都會迷航。

飛力普和我在細雨中行走，沿著湖向山中去。走了大約兩公里，一個藏族老婦人超越了我們，她背著一個很大的竹簍，裡頭疊著些許藥草。和我們擦身時，她問，「你們去哪裡？」

「不去哪兒，我們散步，」我說，「老太太您去哪兒？」

「去牧場，」她慢下腳步，把背上的竹簍綁緊。

「大草原？」我又心動了，也許，我們可以跟著她走？「您還要走多遠啊？」

「很近，」她笑著說，「山那邊轉個彎，再走十公里，就到了。」

「十公里？」我和飛力普大驚失聲，「您要走十公里？」已經近黃昏，老太太獨自背著竹簍，正要走進深山裡去。

「很近啊，」她說，「我的牛和馬都在那兒等著我哪。」

我們就看著她的背影，在山谷中愈來愈小。經過山谷中間一片沼澤時，她彎下腰來似乎在繫鞋子，然後穿過那片沼澤，在山路轉彎、松林濃密的地方，不見了。

她是個牧人，用腳測量大自然有如我們用腳測量自己的客廳，大山大水大自然是她天賦的家。旅遊經營者的圈地為店，觀光客的喧鬧囂張——安德烈，你有沒有想過，為什麼在第三世界，「開發」就等於「破壞」？用國家的力量進行開發，就等於用國家的力量進行破壞，那種破壞，是巨大的。

這一片香格里拉的土地，聽說都被納入聯合國的文化遺產保護區了。我們在一片野花像發了瘋地狂長的草原邊停下來，想照相；被人喝住：不能照，先交錢！

我恨不得把那人拖過來拽他幾腳。可是——能怪他嗎？

那隻笨雞又在叫了，才三點鐘。月亮移了一整格。搞不好，月光也造成雞的失眠。旅館，就在一個喇嘛廟旁，山坡上。金頂寺廟的四周是錯落有致的石頭房子，僧侶的住處，遠看很像地中海的山居面貌。石屋的牆壁因為古老失修而泛黃，更添了點油畫的美感。但是下午我走進去了，在狹窄的巷子裡穿梭了一陣，才看見那些房子破敗的程度。院牆垮了，牆頂長出一叢一叢的野草。窗戶鬆了，門破了，瘦弱的老狗從門裡進出。一個看起來只有十二歲的小僧人在挑水，兩桶水、一支扁擔，扛在肩上；他赤著腳，地上泥濘。就在那破牆外邊，我們聽見一種聲音從屋裡傳來，低低的、沈沈的混聲，好像從靈魂最深的地方幽幽浮起。那是僧侶的晚課祈禱……。

在大廟裡，剛下了旅遊大巴的觀光客，一群一群走過光影斑駁的聖殿，幾個僧人坐在香油錢箱旁，數鈔票；鈔票看起來油膩膩的。

2005.09.10

第*19*封信

問題意識

MM：

才從義大利回來。和三個朋友在露佳濃湖畔泡了幾天。我們逃離德國的陰暗，奔向南方的陽光。你很熟悉的那個小屋，屋前是瑞士，屋後是義大利。我們很懶，哪裡都不去，就在陽台上對著湖水喝酒、聊天、聽音樂。我們到義大利那一邊的小村子去買菜，然後回來自己煮飯。月亮懶懶地從湖裡浮起來，腫腫的；音樂從廚房裡飄過來，我稱這「好時光」。很多人喜歡去熱鬧的酒館或者跳舞，但是我最喜歡的是跟朋友在一起，不管是一個安靜的小酒館，或者只是一個無聊的陽台，從談話裡一點一點認識你的朋友的思想和心靈，或者言不及義大笑一通，是我覺得最自在的時候。

我想我懂你在說什麼，雖然我還沒去過那樣令人震撼的地方。你看見的那些問題，會不會都是因為貧窮？因為貧窮，所以人才會想盡辦法賺錢，不計較手段、不思考後果地去吸引觀光客？可是，MM，比這些問題更嚴重的事太多了吧。貧富不均本身不是更糟嗎？

歐洲和美國本來在自己內部有貧富不均的問題——你看狄

德國時間下午4：00
香港時間晚上10：10

M：你從來不給乞丐錢？

安：不給。因為他拿了錢就會去買啤酒。幹嘛給？

飛：可是你如果在香港就應該給。這裡的乞丐是活不下去才上街的。

安：好嘛。可能香港不一樣。

M：你說的「問題意識」，是什麼意思？難道你在說，「我知道第三世界有貧窮問題」，這就夠了嗎？

安：「知道」，不是「意識」。knowing 不是 having awareness。

M：如何？

安：知道，就只是知道。有「問題意識」指的是，在你自己的行為裡，因為知道非洲每天有小孩餓死，而使得你決定做某些事或不做某些事，這叫做有「問題意識」。

M：好，那你是不是一個對這個世界很有「問題意識」的人？舉例說明吧，你的有所為，有所不為的，是些什麼？

安：……我是個自覺程度很低的人啊，我只是覺得自覺很重要。

M：說說看嘛。

安：……譬如說，我儘量不喝星巴克的咖啡。我基本上不去超市買東西——我去個人開的小店買，即使貴一點，我也願意。我不去連鎖店買光碟或買書……喔，還有，我不吃瀕臨絕種的動物，也不買動物的皮毛……。

飛：我們在雲南就不買豹皮。可是安德烈，你在香港，不去星巴克或者太平洋咖啡，就沒地方去了。

M：安德烈，我發現你不隨手關燈，也不在乎冷氣一直開。你對環境沒什麼「問題意識」是不是？

安：對啊。

飛：你應該去買德國力荷牌啤酒。他們說，你買他一箱啤酒，就救了一平方公尺的南美雨林——因為他們捐出一定比例的利潤拯救雨林。

安：兩種品牌放在我面前的時候，我就會拒絕買那個沒有道德承擔，譬如說，特別粗暴地剝削三世界的廠商的品牌。

M：那你有很多牛仔褲是不能買的。台灣商人在尼加拉瓜的工

更斯的小說就知道。現在這些先進國家把自己內部的問題大致解決了，我的意思是說，至少不像十九世紀那麼明顯了，但是貧富不均變成富國跟窮國之間的問題——富國把問題掃到第三世界去了。在我們這些「富國」裡，MM，我覺得年輕人的心理壓力滿大的。大家都覺得，哇，全球化來了，全球化就是全球競爭，所以每個人都拚命「上進」，用功讀書，搶好成績，早一點進入

工作市場，不能輸……這跟六〇年代什麼理想青年、革命情懷是完全不一樣了，而我覺得我們是被逼著變成這樣利己又保守的一代。當我們的心思都在如何保障自己的未來安全的時候，我們哪裡有時間去想一些比較根本的問題。

我想到一個月前，好幾個城市同時舉辦的音樂會，「Live 8」，吸引了上百萬的人。主辦的人打出的口號是「讓貧窮變成歷史！」但是這一次，募款不是目的，而是要人們給八大強國的政治人物施加壓力，要求他們消滅貧窮。這大概是有史以來最大的一次演唱會，但是，我覺得，大家去聽音樂，聽完又怎麼樣？年輕人去聽演唱，最記得的大概是見到了哪個好久不見的樂團，演唱會真正的用意，一下就忘得光光的。再譬如說南亞海嘯。死那麼多人，激起那麼大的熱情，現在誰在談它？

這個世界變得那麼快，訊息那麼多、那麼滿，我們腦子裡根本就塞不下那麼多事情了。當然是有很少數的年輕人會選擇到偏遠地區去工作或者捐款，這很高貴，但是我在想，恐怕還是「問題意識」更重要吧？

我是說，如果買耐吉球鞋的人會想到耐吉企業怎麼對待第三世界的工人；如果在買漢堡的時候，有人會想到賺錢賺死的麥當

勞，付給香港打工仔的工錢一小時還不到兩塊美元；如果買愛斯匹靈頭痛藥的人，在買的時候會想到，這些跨國藥廠享受巨大的利潤，而非洲染了愛滋病的小孩根本買不起他們的藥。如果帶著這種覺悟和意識的人多一點，這個世界的貧富不均會不會比較改善？

我從來不給路上伸手的人錢，因為我不覺得這是解決問題的辦法，讓每個人都有「問題意識」才是重點。可是我自己其實又軟弱又懶惰的，說到也做不到。就這樣了。

Andreas

2005.09.15

廠，每一條牛仔褲在美國賣出21.99美元，給工人20分錢。

飛：媽媽沒資格批評人家啊。她自己都是到超市去買菜的。

M：喂，香港是「李家城」你知道不知道啊？別說超市了，你的電話、電燈、公車、船運，你讀的報紙，你上的學校，你住的房子，你生產還有臨終的醫院，生老病死都給一家包掉了。不過……我並不總是去超市的，有時間的時候，我會老遠坐電車跑到灣仔老街市去買花。

飛：可那不是要被拆了嗎？

M：……

安：哈哈，那媽媽去澳門買菜吧。

飛：安德烈，澳門是賭王何家的啦。☺

第20封信

在一個
沒有咖啡館的城市裡

MM：

我成了香港大學的學生，你卻又去了台灣。你一定好奇我的港大生涯是什麼樣？

幾乎一天之內就認識了一缸子人，不過全是歐美學生。你只要認識一個，就會骨牌效應認識一大串。第一天，見到一個高個子，藍眼睛金頭髮，那是奧地利來的約翰。他直直走過來，問我要不要去淺水灣游泳。到了淺水灣，海灘上已經有十幾個人橫七豎八躺著，在曬香港的太陽。一發現我會講德語，馬上就有幾個德語國家的同學來跟我認識。他們是奧地利或德國或瑞士人，可是都在外國讀大學——荷蘭、英國或美國等等，然後來香港大學做一學期的交換學生。

好啦，我知道你要囉唆，喂安德烈，你要去結交香港本地生，你要去認識中國學生！我不是沒有試過，可是真的很難。

國際學生自成小圈圈，不奇怪。大部分人都是第一次接觸亞洲，在一個完全陌生的環境裡摸索。就拿有名的香港小巴來說吧。沒有站牌，也沒有站，你要自己搞清楚在哪裡下，最恐怖的是，下車前還要用廣東話大叫，用吼的，告訴司機你要在哪裡

「落」。國際學生就這樣每天在互相交換「香港生存情報」。我比他們稍好一點，小時候每年跟你去台灣，對亞洲好像比他們懂一點，但是懂一點跟「泡」在那個文化裡是很不一樣的。因為沒有真正在這裡生活過，我也只能是一個旁觀者，從歐洲的角度。

國際學生跟本地生很少交往，我覺得還有一個原因，就是語言障礙。港大的所有課程都是英語教學，所以你會以為學生的英語一定是不錯的。告訴你，事實不是如此。我發現，很多學生確實能讀能寫很優秀，但是，他們講得非常吃力。大部分的學生不會用英語聊天。香港學生可能可以用文法正確的英語句型跟你講愛因斯坦的相對論是什麼東西，但是，你要他講清楚昨天在酒吧裡聽來的一個好玩的笑話，他就完了，他不會。

但是你也不要以為國際學生就是一個團體，才不是。裡面還分出很多不同圈圈。譬如說，美國和加拿大來的就會湊在一起；歐洲來的就另成一個小社會。你可能要問，是以語言區分嗎？不是，因為我們——德國人、西班牙人、荷蘭人、義大利人在一起聊天，也是講英語。所以我覺得，應該是比語言更深層的文化背景造成這種劃分——你很自然地和那些跟你成長背景接近的人交朋友。美加來的和歐洲來的，差別大嗎？我覺得滿大的，雖然那

個區分很微妙，很難描述。文化氣質相近的，就走到一起去了。

怎麼說我的港大的生活呢？表面上，這裡的生活和我在德國的生活很像：學科跟時間安排或許不同，但是課外的生活方式，差不多。功課雖然還滿重的——我必須花很多時間閱讀，但是晚上和週末，大夥還是常到咖啡館喝咖啡、聊天，也可能到酒吧跳跳舞，有時就留在家裡一起看電視、吃披薩，聊天到半夜。

你問我願不願意乾脆在香港讀完大學？我真的不知道，因為，兩個月下來，發現這裡的生活品質跟歐洲有一個最根本的差別，那就是——我覺得，香港缺少文化。

我說「文化」，不是指戲劇、舞蹈、音樂演出、藝術展覽等等。我指的是，一種生活態度，一種生活情趣。用歐洲做例子來說吧。我享受的事情，譬如說，在徒步區的街頭咖啡座和好朋友坐下來，喝一杯義大利咖啡，在一個暖暖的秋天午後，感覺風輕輕吹過房子與房子之間的窄巷。美好的並非只是那個地點，而是籠罩著那個地點的整個情調和氛圍，一種生活方式，一種文化的沈澱。

酒吧跟咖啡館，在歐洲，其實就是社區文化。朋友跟街坊鄰居習慣去那裡聊天，跟老闆及侍者也像老友。香港卻顯得很

「淺」——不知道這個詞用得對不對。這裡沒有咖啡館，只有蹩腳的連鎖店星巴克和太平洋咖啡，要不然就是貴得要死其實根本不值得的大飯店。至於酒吧？酒吧在香港，多半只是給觀光客喝個不省人事的地方。還沒醉倒在地上的，就站在那裡瞪著過路的亞洲女人看。一個典型的蘭桂坊或灣仔酒吧裡，人與人之間怎麼對話？你聽聽看：

酒客甲：樂隊不爛。
酒客乙：我喜歡女人。
酒客甲：我也是。
酒客乙：要點吃的嗎？
酒客甲：對啊，我也醉了。
酒客乙：樂隊不爛。
酒客甲：我喜歡女人……

吧啦吧啦吧啦，這樣的對話可以持續整個晚上。人與人之間，有語言，但是沒有交流。

我也發現，在香港，人們永遠在趕時間。如果他們在餐廳、咖啡館或者酒吧裡會面，也不過是為了在行事曆上面打個勾，表

示事情做完了。這個約會還在進行，心裡已經在盤算下一個約會的地點和交通路線。如果我偷看一個香港人的日曆本的話，搞不好會看到：「九點十五分～九點四十五分跟老婆上床，十點半置地廣場，談事情」。每一個約會，都用「趕」的，因為永遠有下一個約會在排隊。好像很少看見三兩個朋友，坐在咖啡館裡，無所事事，就是為了友情而來相聚，就是為了聊天而來聊天，不是為了談事情。

我有時很想問走在路上趕趕趕的香港人：你最近一次跟朋友坐下來喝一杯很慢、很長的咖啡，而且後面沒有行程，是什麼時候？

我亂想，可能很多人會說：唉呀，不記得了。

人跟人之間願意花時間交流，坐下來為了喝咖啡而喝咖啡，為了聊天而聊天，在歐洲是生活裡很大的一部分，是很重要的一種生活藝術。香港沒有這樣的生活藝術。

國際學生跟本地學生之間沒有來往，你說，會不會也跟這種生活態度有關呢？

Andreas
2005.10.09

讀者來信

安德烈：

我覺得你不知道香港人忙到什麼程度。我們不能和歐洲人一樣，每一分鐘都在做愛──性，對我們不是那麼重要，我們也沒那麼多時間做愛。香港人的生活內容就是工作、開會、工作、開會，假日還要做義工，然後又是工作、開會。

一個典型的香港上班族時間表是這樣的：

早上八點～晚上七點　工作
晚上七點～晚上十點　加班，要不然就是做另一份工
晚上十點～十一點半　看電視
晚上十一點半～凌晨一點　跟朋友網上交談
凌晨一點～早上六點　睡覺
早上六點　起床，工作開始

一個典型的香港大學生作息是這樣的：

早上八點半～下午四點半　上課
下午四點半～六點半　跟同學討論作業
下午六點半～晚上八點半　打工
晚上八點半～晚上十點半　打第二份工
晚上十點半～凌晨三點　讀書或上網跟朋友聊天
凌晨三點～早上六點　睡覺
早上六點　起床，工作開始

週末，也要加班，工作。禮拜天，我們就是睡睡睡，把睡眠補回來，然後是禮拜一，工作又開始了。

安德烈，你們歐洲學生的生活內容：上課、聊天、談文化、喝咖啡、啤酒、讀書、旅遊、休息、談文化、聊天、喝咖啡、啤酒……是這樣的嗎？

妮妮

妮妮：

你把我們歐洲學生的生活內容全搞錯了。事實上，我們並非一整天都在喝咖啡、灌啤酒、聊天的。我們起床之後第一件是就是性交，從早上到晚上，然後就去睡覺，第二天精神飽滿地起床，又開始一整天的做愛。

安德烈

安德烈：

你在跟我開玩笑吧？看到你的回信，我不禁深呼吸——這真的是你的作息表，還是你從電影裡看來的？我也愛看電影，歐美片裡也確實好像每個人無時無刻都在做愛——可是，這只是電影，不是真的吧？我認識幾個交換學生，從瑞典、法國、比利時來的，可是他們看起來很正常，也滿認真的。是不是——他們是少數例外呢？

妮妮

妮妮：

上封回信是諷刺的。事實上，我哪有能力過你「認為」我們歐洲人過的日子！我會那樣回覆你是因為你的信給我一種印象，好像你世界上只有香港人會努力工作，外國人都是飽得沒事幹的懶貨。也許我誤會了你的意思吧。

安德烈

安德烈：

香港雖然沒有咖啡館文化，可是香港有餐館文化。餐館裡比較吵，沒有錯，可是中國人本來就喜歡熱鬧。我們一家人祖孫三代每個星期日都會固定到一家餐廳，那裡的服務生和經理都認識我們一家人，這難道不是「社區文化」嗎？

我喜歡你的文章，但是覺得也許你還沒理解香港文化。

TNW

TNW：

謝謝來信。我的重點不在於是不是咖啡館，也不在於「吵鬧」。咖啡館裡頭也可以很吵鬧。再說，咖啡館也並非歐洲所獨有，台北就是一個例子，那裡有特別多的咖啡館，各種風格的。我其實是在說一種生活方式。你要先有閒適的生活方式，有時間寧靜思索，有時間和朋友深談，有時間感覺一個微風習習的下午，才會有咖啡館或茶館文化。重點不是在講咖啡館，重點是生活方式。香港有餐廳、茶餐廳、咖啡館，可是不管什麼樣的地方，人們都是匆匆進來匆匆走的，不是嗎？沒有一種地方，人們是閒適的，不是嗎？我的用意也不在批評香港，因為我實在很喜歡香港。只是，喜歡香港的人就會希望香港更可愛，是不是？

安德烈

安德烈：

收到你的信後，我再次細讀你的文章。是的，我想我懂你意思了。我回頭去問我媽：為什麼你每天從早忙到晚？她說，我想把事情忙完，那週末就能好好休息了。可是，週末她一樣忙。我想，她這一代人，相信「苦盡甘來」，問題是，永遠是「苦」，「甘」總不來。

另外，很可能是一種「香港心態」在驅策我們。你看報紙上永遠在說，香港在國際什麼什麼評比上名列第幾名，然後說，在什麼什麼上面我們要被上海比過去了，被深圳、被東京、被首爾比過去了。然後我們就拚命繼續工作、工作、評比、評比。不但跟別人比，還要跟死去的人比，說，上一代打下的基礎，我們這一代要如何如何才能維持「競爭優勢」。

看樣子，香港就是這樣了。

TNW

安德烈：

我是個港大學生，此刻正在墨爾本做交換學生。也許我是個土生土長的香港人吧！看了你的文章似乎想為香港學生「平反」些什麼。在墨爾本，國際學生和本地生也是沒什麼來往的。我來了幾個月了，也沒交到一個本地澳洲朋友。我也以為是自己的英文太爛吧，但是發現美國的交換生在這裡也和本地生沒什麼來往，所以可能不只是香港學生的問題吧。

但有一點你說得很對：香港學生的英文只能用在課堂上。在這裡我深深感受到。現在我和四個美國女孩住在一起，起初的一個月我大部分時間只想把自己鎖在房內，因為和他們談話實在令我很沮喪——我根本無法用英語和她們聊天。我是讀法律，能做很好的課堂報告，但到了真的要和他們聊天的時候，我什麼都說不出來。

雖然如此，我很享受這種被不同文化衝擊的感覺。希望你也享受在香港大學的生活。

瓊安

第21封信

沒逗留哪來文化？

親愛的安德烈：

陽台上的草木有沒有澆水？那株白蘭花如果死了，我跟你算帳。

每個禮拜四下午，一輛綠色大卡車會停在沙灣徑二十五號。有個老伯伯在裡頭賣蔬菜。他總是坐在那暗暗的卡車裡看報紙，一隻畫眉鳥在籠子裡陪他，聲音特別亮。他的蔬菜像破鞋子一樣包在紙堆裡，可是打開時，又明明是新鮮乾淨的農家菜。他說他這樣賣蔬菜已經五十年了。

我的意思是，希望你去買他的菜。我們支持「小農經濟」吧。然後我們就能談香港了。

沒想到，你這麼快就發現了香港的重大特徵。剛來香港的時候，有一天我逛了整個下午的書店。袋子裡的書愈來愈重但是又不想回家，就想找個乾淨又安靜的咖啡館坐下來。如果是台北，這樣的地方太多了。鑽進一個寧靜的角落，在咖啡香氣的繚繞裡，也許還有一點舒懶的音樂，你可以把整袋的新書翻完。

那天很熱，我背著很重的書，一條街一條街尋找，以為和台北一樣，轉個彎一定可以看到。可是沒有。真的沒有。去茶餐廳

吧，可是那是一個油膩膩、甜滋滋的地方，匆忙擁擠而喧囂，有人硬是站在你旁邊瞅著你的位子。去星巴克或太平洋吧，可是你帶著對跨國企業壟斷的不滿，疑懼他們對本土產業的消滅，不情願在那裡消費。而即使坐下來，身邊也總是匆忙的人，端著托盤急切地找位子。咖啡館裡瀰漫著一種時間壓迫感。

去大飯店的中庭咖啡座，凱悅、半島、希爾頓、香格里拉？那兒寬敞明亮，可是，無處不是精心製造、雕鑿出來的「高級品味」。自己是旅客時，這種地方給你熟悉的方便和舒適，但是，做為「本地人」，你剛剛才穿過人聲鼎沸的街頭市場，剛剛才從兩塊錢的叮噹車下來，剛剛才從狹窄破舊的二樓書店樓梯鑽出來，你來這種趾高氣揚、和外面的市井文化互成嘲諷的地方尋找什麼？而且，安德烈，你可能覺得我過度敏感——亞洲的觀光飯店，即使到了二十一世紀，我覺得還是帶著那麼點兒租界和殖民的氣味，階級味尤其濃重。

那天，我立在街頭許久，不知該到哪裡去。

我們在談的這個所謂「咖啡館」，當然不只是一個賣咖啡的地方。它是一個「個人」開的小館，意思是，老闆不是一個你看不見摸不著的抽象財團，因此小館裡處處洋溢著小店主人的氣質

和個性；它是社區的公共「客廳」，是一個荒涼的大城市裡最溫暖的小據點。來喝咖啡的人彼此面熟，老闆的綽號人人知道。如果因緣際會，來這裡的人多半是創作者——作家、導演、學者、反對運動家……那麼咖啡館就是這個城市的文化舞台。

你還不知道的是，香港文人也沒有台北文人「相濡以沫」的文化。文人聚在一起，一定是有目的的：談一件事情，或是為一個遠來的某人洗塵。目的完成，就散，簡直就像「快閃族」。

有沒有注意到，連購物商廈裡，都很少讓人們坐下來休息談天的地方。它的設計就是讓人不斷不斷地走動，從一個店到下一個店，也就是用空間來強制消費。如果有地方讓人們坐下來閒聊，消費的目的就達不到了。

容許逗留的地方，都是給觀光客、過路者的，譬如蘭桂坊的酒吧、大飯店的中庭。可是，他們真的只是過路而已。而真正生活在這個城市的人，卻是沒有地方可以逗留的。家，太狹窄，無法宴客。餐廳，吃完飯就得走。俱樂部，限定會員。觀光飯店，太昂貴。人們到哪裡去「相濡以沫」，培養社區情感？問題是，沒有社區情感，又哪裡來文化認同？

你再看，安德烈，香港有那麼長的海岸線，但是它並沒有真

正的濱海文化。那樣璀璨的維多利亞海港，沒有一個地方是你可以和三五好友坐在星空下，傍著海浪海風吃飯飲酒、唱歌談心、癡迷逗留一整晚的。法國、西班牙、英國，甚至新加坡都有這樣的海岸。你說，尖沙咀有星光大道呀。我說，你沒看見嗎？星光大道是為觀光客設計的——一切都是為了賺錢，不是為了讓本地人在那兒生活、流連、生根。

這個城市，連群眾示威的大廣場都沒有。群眾示威，和咖啡館酒吧裡的徹夜閒聊一樣，是培養社區共識的行為，對加深文化認同多麼關鍵。示威遊行，絕對是極其重要的一種「逗留文化」。但是香港是個沒有閒人，「請勿逗留」的城市。

你說香港「沒有文化」，安德烈，如果「文化」做寬的解釋，香港當然是有文化的：它的通俗文化，商業文化、管理文化、法治文化，甚至它的傳統庶民文化等等，都很豐富活躍，很多方面遠遠超過任何其他華文城市。是當我們對「文化」做狹義的解釋——指一切跟人文思想有關的深層活動，香港的匱乏才顯著起來。

在歐洲，咖啡館是「詩人的寫作間」、「藝術家的起居室」、「智慧的學堂」。巴黎的「花神」（Café de Flore）咖啡

館是西蒙波娃逗留的書房，Le Procope 是莫里哀和他的劇團夜夜必到、百科全書家逗留的酒館。塞那河畔的 Duex magots 和 Brasserie Lipp 是超現實主義派和存在主義哲學家逗留的地方。施威夫特（Swift）在倫敦的威爾咖啡館（Will's）逗留，那是個文學沙龍，幾乎主宰了十七世紀的英國文學。羅馬的古希臘咖啡館（Antico Greco Caffe）有過華格納、拜倫、雪萊的逗留。維也納的中央咖啡館（Zentral）曾經是佛洛依德和托洛斯基逗留的地方。藝術家在蘇黎世伏爾泰酒館的逗留開展了達達藝術，知識分子在布拉格的咖啡館逗留而開啟了一八三〇年代政治的啟蒙。

文化來自逗留——「逗」，才有思想的刺激、靈感的挑逗、能量的爆發；「留」，才有沈澱、累積、醞釀、培養。我們能不能說，沒有逗留空間，就沒有逗留文化；沒有逗留文化，就根本沒有文化？

可是，安德烈，我們大概不能用歐洲的標準來評價香港。你想，假定有一千個藝術家和作家在香港開出一千家美麗的咖啡館來，會怎麼樣？「逗留文化」就產生了嗎？

我相信他們會在一個月內倒閉，因為缺少顧客。你可能不知道，香港人平均每週工作四十八小時，超過六十小時的有七十五

萬人，佔全部工作人口的二三％。工作時間之長，全世界第一。這，還沒算進去人們花在路上趕路的時間，一年三百小時！你要筋疲力盡的香港人到咖啡館裡逗留，閒散地聊天、激發思想、靈感和想像？

思想需要經驗的累積，靈感需要孤獨的沈澱，最細緻的體驗需要最寧靜透徹的觀照。累積、沈澱、寧靜觀照，哪一樣可以在忙碌中產生呢？我相信，奔忙，使作家無法寫作，音樂家無法譜曲，畫家無法作畫，學者無法著述。奔忙，使思想家變成名嘴，使名嘴變成娛樂家，使娛樂家變成聒噪小丑。閒暇、逗留，安德烈，確實是創造力的有機土壤，不可或缺。

但是香港人的經濟成就建立在「勤奮」和「搏殺」精神上。「搏殺」精神就是分秒必爭，效率至上，賺錢第一。安德烈，這是香港的現實。這樣堅硬的土壤，要如何長出經濟效率以外的東西呢？

M.M

2005.10.17

讀者來信

親愛的安德烈：

我是多麼地享受你和你母親的對話。而且，我是多麼、多麼地羨慕你和自己的母親可以這樣開放地溝通。也只有你、和你母親，這樣的「外人」，才可能看見香港的某些深藏的東西，就譬如只有李安，才拍得出美國文化裡美國人自己看不見的東西。一個道理。

我非常羨慕你和母親之間的關係。我的母親，基於對我的「愛」，已經和我斷絕了溝通。她認為我放棄讀商而學藝術，是自甘墮落，是辜負了她。即使我打越洋電話給她，她聽了一分鐘之後，就想掛掉。我今年三十七歲了，但我的母親把我當十七歲看待。

我很想告訴你，安德烈，珍惜每一分鐘你能和你母親對話的時光。我和母親已經在一種冰凍中，而我又知道，她自己的時光並不多，這給我帶來很深的痛苦，然而我又無法勉強自己去過她要我過的人生，只是為了取悅於她。

希望你享受香港的每一分、每一秒。

余意（加拿大）

第22封信

誰說香港沒文化？

飛力普給安德烈的信

安德烈：

住了兩年香港以後回到德國，還真不習慣。香港是超級大城市，克倫堡是美麗小鎮，這當然差別夠大，可是我覺得最大的差別還是人的態度，差異實在太大了。

你說香港沒有咖啡館，沒有安靜逗留的地方，香港沒有文化。我覺得，安德烈你還不懂香港。香港確實很少咖啡館，尤其是那種很安靜的，可以讓人泡一整個下午的很有情調的咖啡館。可是，這樣就代表「香港沒有文化」嗎？

回到德國以後，我週末的日子大概都是這樣過的：放了學先回家吃中飯，然後和兩三個同學約了在小鎮的咖啡館碰頭。在一個靜靜的咖啡館裡頭，你就會看見我們一堆十六歲的人聊天，聊生活。喝了幾杯瑪其朵咖啡以後，天大概也黑了，我們就轉移陣地到一個小酒吧去喝幾杯啤酒。德國的小鎮酒吧，你知道嘛，也是安安靜靜的，有家的溫馨感。

我在香港的週末，放了學是絕對不會直接回家的，我們一黨大概十個人會先去一個鬧烘烘的點心店，吃燒賣蝦餃腸粉。粥粉

麵線的小店是吵死了沒錯，所有的人都用吼的講話，可是你很愉快，而且，和你身邊的人，還是可以高高興興聊天。

吃了點心和幾盤炒麵以後，我們就成群結隊地去市中心，逛街，看看櫥窗，更晚一點，就找一家酒吧闖進去。

對，就是「闖進去」。在德國，十六歲喝啤酒是合法的，香港的規定卻是十八歲。所以我們覺得我們德國少年在香港進酒吧雖然不「合法」但是很「合理」。你說守在酒吧門口的人會不會擋我們？告訴你，我們假裝不看他，就這樣大搖大擺走進去，很少被擋過。我想，我們這些歐洲青少年在香港人眼裡，可能十六歲的都看起來像二十歲。常常有人問我讀哪間大學。MM在城市大學教書時我就說「城大」，MM到了港大我就說「港大」。

我們主要點可樂，有些人會喝啤酒。我偶爾會喝杯啤酒（你不必多嘴跟MM說喔！）

（你去過深水灣嗎？那裡常有人烤肉，整個下午，整個晚上，香港人在那裡烤肉，談笑，笑得很開心。）

MM說，她買了一堆書以後，到處找咖啡館，很難找到，跟台北或者歐洲城市差很多。我想反問：那在德國怎麼樣呢？你試試看下午四點去找餐廳吃飯。吃得到嗎？大多數德國餐廳在下午

兩點到六點之間是不開火的——他們要休息！

或者，在德國你三更半夜跟朋友出去找宵夜看看，包你自認倒楣，街上像死了一樣。

所以，你只要比一比我的德國週末和我的香港週末，兩邊的文化差異就很清楚了。老實說，我一點也不覺得香港沒有文化。

總體來說，我喜歡香港勝於德國。香港是一個二十四小時有生命的城市，永遠有事在發生。而且，在香港真的比較容易交朋友，香港人比德國人開朗。我在香港只住了兩年，在德國十四年，但是我在香港的朋友遠遠多於德國。昨天剛好跟一個義大利人談天，她在德國住了好幾年了。她說，德國太靜了，靜得讓人受不了。德國人又那麼的自以為是的封閉，芝麻小事都看成天大的事。

我跟她的感覺完全一樣，而且覺得，中國人跟義大利人實在很像：他們比德國人吵鬧喧嘩，是因為他們比德國人開朗開放。

香港唯一讓我不喜歡的，是它的社會非常分化。譬如說，我的朋友圈裡，全部都是國際學校的人，也就是說，全是有錢人家的小孩，付得起嚇人的昂貴學費。香港是一個很勢利、階級分明的地方，這點我不喜歡。

半年來你的交往圈子只限於港大的歐洲學生，幾乎沒有本地人，你說原因很可能是語言和文化差異造成隔閡，可是我自己的經驗和觀察是：有錢沒錢，才是真正的劃分線。譬如說，我在香港整整住了兩年，幾乎沒有認識一個住在公屋裡的人。而我們家——沙灣徑的港大宿舍，離「華富」公屋不過五分鐘距離而已。比較起來，德國的階級差異就不那麼的明顯，不同階級的人會混在一起。我的朋友裡頭，家境富有的和真正貧窮的，都有。

我覺得你在香港再住久一點，那麼香港的好處和缺點你可能就看得更清楚了。

飛力普

2005.11.08

讀者來信

龍教授：

喜歡讀你和安德烈的通信。尤其是你們談論香港的事情，覺得很有意思。我是個香港警察，服務了二十年了。當你們談香港缺文化感的時候，我就想起我對台灣的印象：

一，在台北街上走路是很危險的事。摩托車可能載著一至五人，你走在人行道上它也可能衝上來，如果是夜晚，它甚至還可能沒燈。

二，我看過流氓在路上鬧事，穿著制服的警察卻顯得很軟弱。

三，有人告訴我，台灣的總統是個大說謊家。

四，台灣中部發生大地震的時候，香港救援隊趕到台灣卻被故意冷落，因為香港是中國的一部分。我覺得很難理解：自然災害來臨，難道不是人命關天嗎？怎麼這時候還在鬧政治？台灣對於生命的態度，不應該和共產黨的中國一樣啊。

五，我其實很以香港為榮，也很欣慰自己的孩子在香港這樣的地方長大。香港最珍貴的地方就在，它有完善的制度，而且個人價值被放在很尊貴的地位。譬如說，我們曾經派出五百多個搜救隊員去拯救一個迷路的登山客，而且搜救很多天。沒有人覺得這是浪費。

還有，法律之前人人平等。人們一般相信，不管你的身分貴賤，犯了罪司法會公正對待你。再說，和新加坡比起來，我們的言論自由度也大得多。

現在是深夜，我正在值夜班，不能多寫。請包涵我對香港的辯護。

一個香港警察

龍應台先生與安德烈先生：

你們好，我來自馬來西亞的麻六甲。看過你們的文章「沒有逗留哪有文化」，有點意見想與你們分享。在你們的文章中，一再提到咖啡館，並說明歐洲的咖啡館出過多少名人。我想來想去，的確想不出，中國歷史上這麼多著名的文人學者，有誰是在咖啡館完成大作的。但，他們就因為沒有在咖啡館沉思過，就不能獲得你們的認同嗎？今天和今後，東方的咖啡館還是無法和西方咖啡館相比，但東方的文化今天的成就與未來，就肯定將因此而遜色和不被看好嗎？

如果因為沒有咖啡館，就沒有高等文化滋生的機會，那住在山裡的土著，肯定就是沒有文化的人了嗎？還是因為我們無法了解他們的文化？只有我們了解和認可的文化，才是文化嗎？要不然，就是不入流的文化嗎？誰定的標準呢？為何我們都應該遵守這樣的標準呢？

熱帶地區的咖啡館，尤其是露天咖啡座，是很難生存的。一來是天氣熱大太陽曬雨水多的關係，坐在大太陽底下曬，會給這裡的人視為有病，不中暑才怪。

歐洲國家尤其是英國這類少見太陽的國家，露天咖啡座是適合，他們珍惜難得露面的太陽，甚至醫生會建議他們的病人去非洲曬太陽，這也是歐洲人喜歡去旅行和到熱帶國家曬太陽的原因。

華人勤奮的性格是傳統的美德，而且，東方國家不像西方國家的福利制度，不做工就要手停口停。不喝十倍價錢的咖啡，不逗留在路邊「沉思」、「會面」、「閒聊」，只是因為不同的人生態度，與西方人的文化行為不相同，又何怪之有呢？你們的文章讓我感受到高高在上的優越感，並以文化之名，否定其他人的文化。

R．S

龍應台及安德烈：

我看了你們談香港的書信，十分認同你們的看法。香港人的生活質素，就是不斷的工作和進修，政府不斷推出持續進修的概念。知識分子不斷向上進修及拚搏，而低下階層也受著十多小時的工作壓力，沒有加班費，沒有最低工資的保障，沒有最多工作時數的限制。這就是香港社會結構的根本，請問，在這樣的基礎上，文化有可能扎根嗎？

無奈的香港人

MM：

香港的人，幾代以來都只有一個目的：生存，賺錢。香港的政府，不管是殖民政府還是現在，也只有一個觀念：發展，賺錢。香港不是一個正常的城市，更不是一個國家，它其實真的只是一個香港公司。

被雇的人聚到一起來，不是為什麼社會理想，是為了個人生計。雇人的老闆們，更是為了口袋裡的錢。所謂政府政策，也都是為了滿足雇主和被雇者的生計而已。

文化可以沈澱，必須是裡頭的人有超越個人、超越小我的想像，有夢，有理想，願意為一個更崇高的目的去奮鬥。而這個，恰恰是香港沒有的。在香港公司，談抽象的理念和貢獻社會的熱情等等，都是可以被取笑的東西。沒有咖啡館，只是果，不是因。

我是大陸生的，十歲來港，二十年了，到現在，沒法適應這樣「在商言商」的「公司」社會。我不喜歡，但也無力改變它。

盧風

第23封信

缺席的大學生

MM：

有時候我在想：香港將來會變成什麼樣子？我對香港是有些批評的，可是我還是喜歡這個城市，而且滿關心它的發展——所以我才決定和你一起參加十二月四號的遊行。

我們離開遊行大街的時候，你問那個計程司機——他看起來像三十多歲的人吧？你問他為什麼沒去遊行，我當時在想，MM真笨，怎麼問這麼笨的問題！他沒去遊行，當然是因為他得開車掙錢，這有什麼好問的。

結果他的回答讓我大吃一驚。他說，「幹嘛遊行？民主不民主跟我有什麼關係？這些人吃飽沒事幹！」

二十五萬人遊行（警方說六萬人），主辦單位好像很興奮，你也說，不錯！可是，MM，這怎麼叫「不錯」呢？你記得二〇〇三年反伊拉克戰爭的遊行嗎？羅馬有三百萬人遊行，巴塞隆納有一百三十萬人，倫敦有一百萬人上街。而這些城市的人口是多少？

羅馬：六百萬。

巴塞隆納：四百六十萬。

倫敦：七百四十萬。

當然，湧進市區遊行的人來自城市周邊一大圈，不是只有羅馬或倫敦城市裡頭的人，但是你想想，羅馬人、巴塞隆納人、倫敦人是為了什麼上街？他們是為了一個距離自己幾千公里而且可能從來沒去過的一個遙遠得不得了的國家去遊行，還不是為了自己的城市、自己的問題、自己的直接未來。相對之下，香港人是為了什麼上街？難道不是為了自己最切身的問題、為了自己的自由、為了自己的孩子的未來？為了自己，卻也只有二十五萬人站出來——你能說這是「不錯」嗎？

我也許無知，或者有歐洲觀點的偏見，但是我真的沒法理解怎麼還有人質疑遊行的必要。

遊行前幾天，我還在報上讀到大商人胡應湘的一篇訪問，他把正在籌備中的遊行稱為「暴民政治」，還拿天安門的流血事件來做比較，說遊行抗議對民主的爭取是沒有用的。他的話在我腦子裡揮之不去。這個姓胡的好像完全不知道東德在一九八九年的百萬人大遊行——柏林圍牆倒塌了；他好像也完全沒聽說過甘地爭取獨立的大遊行——印度獨立了；他好像也完全不知道

一九六三年馬丁・路德・金在華盛頓掀起的大遊行，促進了黑人人權的大幅提升。難道這個大商人對柏林圍牆、對甘地、對馬丁・路德・金一無所知？

政府一意孤行時，通常遊行抗議是人民唯一可以做的迫不得已的表達方式。我不是說每個人都應該上街遊行，可是我認為每個人至少應該把問題認識清楚，明確知道那些主張上街的人的訴求是什麼，再決定自己的立場。

回到那個計程司機。他在聽廣播，所以你問他，「遊行人數統計是多少？」那時候還是下午五點左右。他說，「大概十萬左右。」你說，「不壞。」他就帶著一種勝利的微笑，說，「哈，可是很多只是小孩！」

確實的，遊行的隊伍裡小孩特別多，很多人推著嬰兒車來的。也有特別多的老人家。很明顯地，那司機的意思是說，十萬人不算什麼，因為裡頭很多是小孩，而小孩不算數。

我的新聞寫作課的指定作業是訪問遊行的人，幾乎每一個被我問到「為何遊行」的人都說，「為我的下一代」。

我真的很感動，MM。他們要求的僅只是一個民主時間表，他們沒有把握自己是否見得到民主，但是他們站出來，是為了要

確保自己的孩子們一定要見到香港民主那一天——他們可以忍受自己沒有民主，但是他們在乎下一代的未來。我想很多人當年是為了逃避共產制度而來到這個島，現在好像老的陰影又追上來了。

遊行的人群裡那麼多孩子，他們「不算數」嗎？我卻覺得，不正是孩子，最值得人們奮鬥嗎？

出門前，我問了幾個歐美交換學生去不去參加遊行，發現他們都不去，說是要準備期末考。我有點驚訝，咦，怎麼面對歷史的時刻，那麼不在乎？四〇年代西班牙戰爭的時候，歐美大學生還搶著上戰場去幫西班牙人打自由之仗呢。不過，我是不是也該為我的同學辯護呢？如果不是新聞寫作的作業，搞不好我自己也不會去。畢竟，一個地方，如果你只是過客，你是不會那麼關心和認真的。

但是讓我真正驚奇的，還是到了遊行現場之後，發現中年人、老年人、孩子佔大多數，年輕人卻特別少。感覺上大學生的比例少得可憐。大學生哪裡去了呢？通常，在第一時間裡站出來批判現實、反抗權威的是大學生，很多驚天動地的社會改革都來自大學生的憤怒，不管是十九世紀的德國還是二十世紀六〇年代

的歐美。你告訴我還有中國的「五四」運動。所以我以為維多利亞公園當天會滿坑滿谷的大學生，結果相反。

於是我回想，是啊，在港大校園裡我也沒看見學生對遊行的訴求有什麼關心。幾張海報是有的，但是校園裡並沒有任何關心社會發展的「氣氛」，更別說「風潮」了。

期末考比什麼都重要。

好吧，MM，你說這次遊行留給我什麼印象？一，一「小」撮人上街去爭取本來就應該屬於他們的權利；二，一大堆人根本不在乎他們生活在什麼制度下（只要有錢就行）；三，大學生對政治——眾人之事——毫無關切；四，大學只管知識的灌輸但是不管人格的培養和思想的建立。

這就是我看到的二〇〇五年十二月的香港。

這樣的香港，將來會怎麼樣呢？

Andreas

2005.12.07

第24封信

下午茶式的教養

親愛的安德烈、飛力普：

十二月四日香港大遊行的前一天正巧是台灣的縣市選舉；選舉結果，執政的民進黨以一種你可以說是「被羞辱」的方式失去大部分地區的支持。第二天的香港遊行裡，你記不記得其中一個旗幟寫著：「台灣同胞，我羨慕你們可以投票！」

和飛力普參加過兩次七一的遊行，一次六四的靜坐紀念。（這也是你懷念香港的部分嗎，飛力普？如果是，下回法蘭克福如果有反伊拉克戰爭的遊行，你會去嗎？）香港人還沒學會台灣人那種鼓動風潮、激發意志的政治運動技術；如果這四公里的遊行是台灣人來操作的話，會很不一樣，台灣人會利用各種聲音和視覺的設計來營造或者誇大「氣氛」。譬如很可能會有鼓隊，因為鼓聲最能激勵人心，凝聚力量。香港人基本上只是安安靜靜地走路。

和你一樣，最感動我的，是那麼多孩子。很多人推著嬰兒車，很多人讓嘻笑的兒童騎在自己的肩上。問他們，每一個人都說，「我在為下一代遊行。」「俯首甘為孺子牛」的情懷，充分體現在香港人身上。

他們遊行的訴求，低得令人難過：香港人不是在要求民主，他們只是在要求政府提出一個時間表，只是一個時間表而已。他們甚至不是在要求「在某年某月之前要讓我們普選」，他們只是要求，「給我一個時間表」！

在我這外人看來，這是一個「低聲下氣」到不行的要求，在香港，還有許多人認為這個訴求太「過分」。

香港人面對事情一貫的反應是理性溫和的，他們很以自己的理性溫和為榮——嘲笑台灣人的容易激動煽情。我也一向認為，具有公民素養和法治精神的香港人，一旦實施民主，絕對可以創造出比台灣更有品質的民主，因為公民素養和法治精神是民主兩塊重大基石。但是十二月四日的遊行，給了我新的懷疑：

溫和理性是公民素養和法治精神的外在體現，在民主的實踐裡是重要的人民「品性」。台灣人比起香港人不是那麼「溫和理性」的，因為他們是經過長期的「抗暴」走出來的——抗日本殖民的「暴」，抗國民黨高壓統治的「暴」，現在又抗民進黨無能腐敗、濫用權力的「暴」。在台灣，愈來愈多「溫和理性」的人民，但是他們的「溫和理性」是在從不間斷的「抗暴」過程裡一點一滴醞釀出來的。台灣人的「溫和理性」是受過傷害後的平靜。

香港人的「溫和理性」來自哪裡？不是來自「抗暴」；他們既不曾抗過英國殖民的「暴」，也不曾抗過共產黨的「暴」。在歷史的命運裡，香港人只有「逃走」和「移民」的經驗，沒有「抗暴」的經驗。他們的「溫和理性」，是混雜著英國人喝下午茶的「教養」訓練和面對坎坷又暴虐的中國所培養出來的一種「無可奈何」。

所以香港人的「溫和理性」在程度上，尤其在本質上，MM覺得，和台灣人的「溫和理性」是非常、非常不一樣的。台灣人常常出現的粗野，其來有自，香港人從不脫線的教養，也其來有自。

這樣推演下來，我親愛的孩子們，讓我們來想想這個問題：香港人的公民素養和法治精神在民主實踐中，一定是最好的，但是，在沒有民主而你要爭取民主的時候，尤其是面對一個巨大的、難以撼動的權力結構，這種英國下午茶式的「教養」和中國苦難式的「無可奈何」，有多大用處？

我第一次想到這個問題，安德烈、飛力普，你們說呢？

至於大學，安德烈，你說在香港，「大學只管知識的灌輸但是不管人格的培養和思想的建立」，老實說，我嚇一跳。大學成

為一個技術人員的訓練所，只求成績而與人文關懷、社會責任切割的現象，不是香港才有。中國、台灣、新加坡，都是的。你說的還真準確。但是告訴我，孩子們，難道你們在歐洲所接受的教育，不一樣嗎？你們能具體地說嗎？

不能再寫了，因為要去剪頭髮。飛力普，啤酒即使淡薄，也不要多喝——你還有什麼沒告訴我的祕密？

2005.12.10 於台北

第25封信

裝馬鈴薯的麻布袋

MM：

在德國兩個星期的假，我完全沈浸在「家」的感覺裡。「回家」的感覺真好。

這次回家，一進門就發現玄關處掛了兩張很大的新畫，都是油畫。一張畫的是飛在空中的天使，下面是典型的地獄圖像。另一張，是瑪麗亞懷裡抱著嬰兒耶穌。還有呢，客廳柱子上釘著一個木雕天使。

在我印象裡，這個家還從來不曾有過這麼多宗教的痕跡。我是在一個非宗教、「自由」氣氛濃厚的環境裡成長的人。

我問老爸，「你怎麼了？女朋友把你變教徒了是不是？」你也知道，他的女友碧麗是每週上教堂、飯前要祈禱的那一種。他就用他一貫不正經的方式回說，他要訪客知道他和「魔鬼」共處——他是天使，我和弟弟飛力普是「魔鬼」。我當然回擊，說我覺得他才是我們的「地獄」呢。

他不會給我真正的答案，但是我覺得我知道答案是什麼：我爸和我有一個根本差異，就是品味不同。他喜歡古典的東西。我還記得我們一起去看過一個雕刻展，展出的全部是宗教藝術。我

覺得無聊得要死，他卻看得津津有味。

前幾天，一個想進柏林設計學院的朋友來找我。因為要申請學校，所以她要準備一些作品。我們就到老城裡去逛。她帶著相機，一路拍照。好玩的是，我以為她會拍我們這個有名的古鎮的教堂啦、古堡啦，但是整個下午她拍的卻竟然都是電線桿、地下水道的人孔鐵蓋，或者停車場的水泥地面。

幾天以後，我到她家去看完成品：在一個黑色的大紙箱上貼著三張照片，照片上是三個不同的角度去看電線桿，然後有一條紅絲線輾轉纏綿繞著電線桿，最後浮現一個歪歪斜斜的字：

「Modernity」

好，MM，你告訴我：你的品味是什麼？

我坐在電腦前給你寫信，一面聽音樂。你看見的我是這樣的：穿著牛仔褲，一件紅色的 Polo 襯衫，腳上是暗紅色的跑步鞋。鞋子和上衣是暗暗諧調的。衣服褲子都有點寬鬆感，因為今天是懶洋洋的週末。兩個好朋友正在廚房裡做晚飯，在這之前，我們在陽台上曬太陽。早上起床的時候，就知道今天是個寬鬆舒適的日子，所以挑選的衣服，就是寬鬆舒適的衣服。

早上起床以後，我大概需要總共半小時來打理自己，其中大

概十分鐘花在浴室裡，二十分鐘花在衣服的考量上。

然後我們來看看你：你大概也需要半小時，但是我猜剛好相反，你需要二十分鐘在浴室裡洗頭洗臉擦乳液什麼的，但是只花十分鐘穿衣服。

作家媽媽，你是這樣的沒錯吧？

還有買衣服。你的衣櫥滿滿的，我的衣櫥卻很空——跟你的比起來。這是因為我們的購買行為很不一樣。你買衣服是隨興所至的，走在路上你看見哪一件喜歡就買下來，買回家以後很可能永遠不穿它。我跟你相反，MM，我「深思熟慮」怎麼穿怎麼配，然後在完全清楚自己缺什麼的時候，才去尋找那特定的某一件衣服。結果呢，我們花在衣物上的錢和時間其實是一樣的，差別在於，我的是專注精選的（而且比你的通常好看一百倍），你穿衣服，哈，有時候我覺得，你就是披上一個裝馬鈴薯的麻布袋或者蓋上一條地毯，那美學效果也差不多！

兩個月前，老爸到香港來看我。頭一個晚上他就帶我去他最喜歡的香港酒吧，叫「Ned Keely's Last Stand」。家具全是厚重的木頭，空間很小，幾個老外坐在那兒喝啤酒。中間小小的舞台上堆滿了樂器，很擁擠，好像只要有一個人不小心撞倒一

件樂器，整堆樂器就會垮下來。晚上十點半，樂團開始演奏，是Dixieland爵士樂，人漸漸多起來，塞滿了酒吧。老爸有點陶醉說，這酒吧使他回憶「老時光」。

第二天，輪到我帶他去「我的酒吧」了。我選擇的是「酷名昭彰」的「Dragon-I」。哎，好像是前晚Ned Kelly's的反面版：沒有老舊的木頭，桌面是純黑的設計，椅子有猩紅的軟墊，天花板垂下來畫著龍的燈籠。沒有爵士樂團表演，倒是有一個DJ在那裡玩唱盤，轉出Hip Hop和R&B音樂。前一晚我們喝大杯啤酒，在這裡，我們喝馬丁尼和琴酒雞尾酒。滿滿是年輕人，我注意到，老爸確實顯得有點不自在。

你現在大概已經猜到我到底想說什麼了吧？老媽，我丟兩個問題給你接招：第一，請問為什麼我們的「品味」如此不同？是因為我們分屬不同世代？還是因為我們來自不同文化？或者，有沒有階級因素呢？

第二個問題比較關鍵，就是，老媽，你為什麼不去了解我的世代或者文化或者「階級」的品味世界呢？你的穿衣哲學、老爸的宗教美學和他的懷舊酒吧，都不是我的調調，但我也還可以欣賞。我願意去博物館看雕刻展，偶爾去懷舊酒吧坐一會兒也覺得

不壞，我可以穿很「牛津」味的衣著，也可以穿最隨意的肥褲子和帶帽套頭運動衣，我也不討厭你聽的六〇年代老歌。

那麼你為什麼不試試看進入我的現代、我的網路、我的世界呢？你為什麼不花點時間，好好思考「打扮」這件事，買點貴的、好的衣服來穿？你為什麼不偶爾去個你從來不會去的酒吧，去聽聽你從來沒聽過的音樂？難道你已經老到不能再接受新的東西？還是說，你已經定型，而更糟的是，你自己都不知道你已經定型得不能動彈？

Andreas
2006.08.19

第*26*封信

孩子，你喝哪瓶奶？

親愛的安德烈：

我對你的世界沒有興趣？什麼跟什麼呀！你不記得，為了理解為什麼你們聽 Hip Hop 音樂，我仔細聽了 Hip Hop，而且是找到歌詞，對著歌詞細聽的。不但聽了正在流行的，還把八〇年代前的也找出來聽，為的是了解這個樂種的發展過程。理解之後，才知道，原來 Hip Hop 來自一種抗議和批判精神，而且，好的詞，根本就進入了詩的境界。

中年父母的挫折，安德烈，可能多半來自於，他們正在成長的孩子不願意把門打開，讓他們進入自己的世界，而不是父母不願意進入。你不就嫌惡我「母愛」太多，電話太多嗎？

今天抵達台北。在開往陽明山回家的路上，買了一瓶兩公升的鮮奶。回到家，打開冰箱，發現麗沙阿姨知道我要回來，早一步填滿了冰箱，裡頭已經有一瓶兩公升的鮮奶。

現在我有兩瓶兩公升的鮮奶。仔細看了一下保鮮日期，一瓶是今天到期，已經接近不新鮮了；另一瓶則是三天後。

你會從哪一瓶開始喝，安德烈？

一個青島的朋友跟我說過這個故事。人家送了他們一箱蘋

果。打開一看，大部分新鮮青翠，有幾個卻已經開始變色。

我的青島朋友不經思索，伸手就去拿那快要腐壞的；她十七歲的兒子也不經思索就抓了一個最青翠的開始喀擦喀擦啃起來。他母親急急說，「唉呀，先吃壞的呀。壞的不吃，明天怕就不能吃了。」

兒子覺得母親很奇怪，說，「你從壞的吃起，到明天，那好的也逐漸變壞了，結果你就一路在追趕那壞的，你永遠在吃那不新鮮的蘋果。你為什麼不能就直接享受那最好的呢？」

朋友說，她聽了兒子的話，半壞的蘋果拿在手裡，站在那兒，一時說不出話來。

好吧，安德烈。現在我站在那打開的冰箱前面。請問，你會先喝哪一瓶牛奶？

我在陽台上坐下來，眺望台北盆地一片空濛。一隻老鷹，孤孤單單，在風裡忽上忽下，像一個少年獨自在玩滑板。我想，咦，何以聽不見他拍打翅膀的聲音？側耳細聽，知道是被滿山滿谷的蟬聲覆蓋了。夏天，陽明山被蟬的部隊佔領。

想到你的信把我描述得如此「不堪」，我低頭檢視一下自己：今天穿的是什麼？一件青煙色的棉布薄衫裙。直筒形的，假

如你拿一個大塑膠袋，在上面剪出一個半圓，兩翼剪出兩個袖洞，就是了。赤足。指甲沒有顏色，臉上沒有脂粉。身上沒有首飾；今天是個獨處的日子。

我出門的時候，是會「打扮」的，安德烈。不過衣服總是白色或黑色，看起來像是一個「極簡主義者」的行動宣示，但真正的原因是，一，我哪有可能把時間投擲在衣著和打扮的琢磨思考上？二，我可能在用所謂「極簡」美學來掩飾自己其實對「美」和「品味」缺乏心得，沒有成就。

大概在你進入十四歲左右的時候，我就發現，你穿衣服已經有了自己的風格和品味。你弟弟也是在他十四歲的時候，開始不再像「孩子」，而不經意間流露出一種翩翩少年的衿持。我不說破，但是在一旁默默地欣賞。我驚訝，「成長」這東西多麼纖細、多麼複雜啊。誰都可以看見一個男孩子長高了，細細的鬍子冒出來了，聲音突然改變了，鼓鼓的孩兒臉頰被稜角線條取代，但是人們不會注意到他眼裡的稚氣消失，一股英氣開始逼人；人們也不會發現，他的穿著、他的顧盼、他的自我，敏感得像女高音最高的一個音符旋繞在水晶玻璃上。他的領子豎起或翻下，他的牛仔褲皮帶繫在腰間的哪一個高度，他穿袖衫還是襯衫，襯衫

尾紮進或露出……所有的細節都牽引著他的心的跳動

而你我之間，安德烈，是有差距的；那個差距既是世代之差，也是文化之異，甚至是階級的分野。

曾跟你說過，你的母親是一個在「第三世界」長大的少女。我出生的一九五二年，台灣的平均國民所得不到兩百美元。集體匱乏之外，這少女還來自一個難民家庭，從中國流離遷徙，一貧如洗。一直到一九七〇年，我才在家裡看見冰箱和電視機——因此阿姆斯壯一九六九年的登陸月球，這個十七歲的台灣少女是沒看見的。

台灣到一九六五年都是「美援」的救濟對象。「美援」，在這個台灣少女的記憶裡有三件東西：一是灑了金粉的聖誕卡，鄉村天主堂裡的美國神父會給你，上面有馬槽、嬰兒，還有肥胖可咬、長著翅膀的天使。二是鐵罐脫脂奶粉。三是麵粉麻布袋。機智的媽媽們把麻布袋裁剪成孩子們的上衣和短褲。於是你看見大大小小的孩子們穿著麵粉袋袖衫，胸前還印著兩隻大手緊握，寫著：「中美合作，二十公斤」。

不是「馬鈴薯麻布袋」，安德烈，你的母親是「麵粉麻布袋」的一代。

除了麵粉袋袖衫，十八歲以前我基本上只穿過學校制服。別以為是英國學校那種表達身分和地位的校服，有領帶和皮鞋。我們穿著白衣黑裙（你可知道我的「極簡美學」的原始來處了吧？）裙長超過膝蓋，要受罰；髮長超過耳根，要受罰。我的兄弟們穿的是卡其褲和白上衣，頭上頂著軍警的大盤帽，帽子裡是剃得發青的頭。外國人來台灣，嚇一跳，以為台灣滿街都是士兵和警察，是個警察國家；他們不知道，那是學生。

你會說，可是這些和「貧窮」沒什麼關係。是的，這種美學的單調和品味的統一，和貧窮的關係少，和威權政治的關係大。但是我想告訴你的是，當威權政治和貧窮一起灑下天羅大網地把你罩住的時候，品味，很難有空間。

因為，請問品味是什麼？它不就是細緻的分辨、性格的突出，以及獨立個體的呈現嗎？每一件，都正好是貧窮所吝嗇給你的，也是威權政治所剝奪於你的。

安德烈，你是否開始覺得這樣成長的母親挺「可憐」的？那你就錯啦。在過去給你的信裡曾經提到，貧窮使得我缺少對於物質的敏感和賞玩能力，但是卻加深了我對於弱者的理解和同情。威權統治也許減低了我的個人創造力，但是卻磨細了我對權力本

質的認識而使我對於自由的信仰更加堅定，可能也使我更加勇敢，因為我知道失去自由意味著什麼。

過去，是我們必須概括承受的。

那麼你必須「概括承受」的過去，是什麼？你所成長的國家，人均收入是三萬五百七十九美元；培育你的是一個民主開放、文化多元的社會；你的父母都有博士學位（儘管「博士」可能是一百分的笨蛋或流氓）；你屬於那種還不到十五歲就已經走過半個地球的「國際人」；你簡直就是一個被太好的環境寵壞的現代王子。品味，太容易了吧？

但是，你能回答這個問題嗎：如果這太好的環境賦予了你美感和品味，那麼它剝奪了你些什麼？你的一代，是否其實有另一種的「貧窮」？

M.M.

2006.08.23

第27封信

二十一歲的世界觀

MM：

你說五十四歲的你，實在無法理解很快就要滿二十一歲的我，腦子裡想些什麼？眼睛看出去看見些什麼（你說這話的那個感覺，好像我們是不同的動物種類）？所以我們來彼此「專訪」一下。

好，可是你給我的十個「專訪安德烈」問題裡，第一個問題我就懶得答覆了。你問我，「你對於男女平等怎麼看？」這個問題有夠「落後」，因為，「男女平等」是德國七〇年代的問題，最關鍵、最艱苦的仗都在那個時候打過了。我是二十一世紀的人了。

然後你還不甘心追著問：「譬如結婚以後，誰帶孩子？誰做家務？誰煮飯？」

這樣的問題在我眼裡是有點好笑的。當然是，誰比較有時間誰就煮飯，誰比較有時間誰就做家務，誰比較有時間誰就帶孩子。完全看兩個人所選擇的工作性質，和性別沒有關係。你的問法本身就有一種性別假設，這是一個落伍的性別假設。

我知道，因為「男女平等」的問題對於你，或者你所說的中

文讀者，還是一個問題，但是對於我或者我的朋友們，不是討論的議題了。所以我就挑了下面幾個還有一點意思的問題，看答覆讓不讓你滿意。

問題一：你最尊敬的世界人物是誰？為何尊敬他？

我記得在一個朋友家裡看過一本書，書名叫《影響世界的人》——你知道，就是那種不知名的小出版社出的打折書，在地攤上亂七八糟疊成一堆讓人家挑的那種。書裡頭的人物，就包括耶穌、穆罕默德、愛因斯坦、馬丁路德·金、巴哈、莎士比亞、蘇格拉底、孔子等等。朋友和我就開始辯論，這些人物的歷史定位，有多少可信度？

有很多人，不管是耶穌還是孔子，都影響了人類，但是，你怎麼可能把他們的重要性拿來評比？這本地攤上的廉價書，把穆罕默德放在耶穌前面，理由是，穆罕默德靠一己之力去傳播了信仰，而耶穌依靠了聖徒彼得的幫忙。笑死人，能這樣來評分嗎？再說，你又怎麼把莎士比亞和孔子來比對呢？

你現在大概猜到我要怎麼接招你的問題了。我如果回答你一個名字或者一組名字，那麼我就犯了這個「評比」的謬誤，因為

不同歷史和不同環境下的影響是不能評比的，而且，天知道世界歷史上有多少值得尊敬的人——我根本不知道他們的存在。

我可以說，好，我覺得「披頭四」很了不起，但是你馬上可以反駁：沒有巴哈，就沒有披頭四！那麼如果我選巴哈，你又可以說，沒有 Bartolomeo Cristofori 發明鋼琴，哪裡有巴哈！

MM，假如你對我的答覆不滿意，一定要我說出一兩個名字，那我只好說，我真「尊敬」我的爸爸媽媽，因為他們要忍受我這樣的兒子。我對他們一鞠躬。

問題二：你自認為是一個「自由派」、「保守派」，還是一個「什麼都無所謂」的公民？

我自認是個「自由派」。但是，這些政治標籤和光譜，都是相對的吧。

每一次德國有選舉的時候，一個電視台就會舉辦網路問答，提出很多問題，然後從你選擇同意或反對的總分去分析你屬於「保守」還是「自由」黨派。我發現，幾乎每一次，我的答案總結果都會把我歸類到德國的自由黨去。可是，我對德國自由黨的支持，又向來不會超過六十分，意思就是說，我的總傾向是自

由主義的，但是對於自由黨的很多施政理念，不認同的地方在四〇%上下。

問題出在哪裡？我支持自由黨派的經濟和政治立場，簡化來說，就是在經濟上我贊成自由市場機制，在政治上我支持小政府，大民間，公民權利至上。但是，我又強烈不認同自由黨派對很多社會議題的態度，譬如婦女的墮胎權、死刑，甚至於環保政策——這些議題在自由主義者的清單上沒什麼重量，我卻覺得很重要。所以看起來，我在經濟和政治議題上屬於「自由主義」，但是在社會議題上，又有點偏激進。

很多人投票給某一個政黨，只是因為他們習慣性地投那個黨，有了「黨性」。我投票則是看每一個議題每一個政黨所持的態度和它提出的政策。所以每一次投票，我的選擇是會變的。你可以說我是自由、保守、甚至於社會主義者，也可以批評我說，我善變，但是，我絕不是一個「什麼都無所謂」的人。生活在一個民主體制裡，「參與」和「關心」應該是公民基本態度吧。

問題三：你是否經驗過什麼叫「背叛」？如果有，什麼時候？

我的童年經驗是極度美好快樂的。從小我就在一個彼此信

賴、彼此依靠的好友群裡長大。這可能和我成長的社會環境、階級都有關係，這些孩子基本上都是那種坦誠開放、信賴別人的人。在一個村子裡長大，從同一個幼稚園、小學，一起讀到高中畢業，我們有一輩子相知的友情。

我從來不曾被朋友「背叛」過。

你想問的可能是：如果我經驗了「背叛」，我會怎樣面對？我會反擊、報復，還是傷了心就算了？假定我有個女友而她「背叛」了我，我會怎樣？

不知道啊。可能還是原諒了、忘記了、算了？

問題四：你將來想做什麼？

有各種可能，老媽，我給你我的十項人生志願：

十、成為《GQ》雜誌的特約作者（美女、美酒、流行時尚）

九、專業足球員（美女、足球、身懷鉅款）

八、國際級時裝男模（美女、美酒、美食）

七、電影演員（美女、美酒、尖叫粉絲）

六、流浪漢（缺美女、美酒、美食、粉絲，但是，全世界都在你眼前大大敞開）

五、你的兒子（缺美女、美酒、美食、粉絲，而且，超級無聊）

四、蝙蝠俠（美女、壞人、神奇萬變腰帶）

三、007（美女、美酒、美食，超酷）

二、牛仔（斷背山那一種，缺美女，但是夠多美酒，還有，全世界都在你眼前大大敞開）

一、太空牛仔（想像吧）

如何？以上是不是一個母親最愛聽到的「成功長子的志願」？

問題五：你最同情什麼？

這個問題有意思。

無法表達自己的人——不論是由於貧窮，或是由於不自由，或者單單因為心靈的封閉，而無法表達自己的人，我最同情。

為什麼這樣回答？因為我覺得，人生最核心的「目的」——如果我們敢用這種字眼的話，其實就是自我的表達。

這個世界有那麼多的邪惡，多到你簡直就不知道誰最值得你同情：非洲飢餓的小孩嗎？某些伊斯蘭世界裡受壓迫的婦女嗎？

被邪惡的政權所囚禁的異議分子嗎？而這些人共有一個特徵：他們都無法追求自己的夢想，無法表達自己的想法，無法過自己要過的人生。最核心的是，他們表達自我的權利被剝奪了。

對他們我有很深的同情，可是，我又同時必須馬上招認：太多的邪惡和太多的災難，使我麻痺。發現自己麻痺的同時，我又有罪惡感。譬如你一面吃披薩，一面看電視新聞吧。然後你看見螢幕上飢餓的兒童，一個五歲大小的非洲孩子，挺著鼓一樣的水腫肚子，眼睛四周黏滿了黑麻麻的蒼蠅（這樣描述非洲的飢童非常「政治不正確」，但是你知道我對「政治正確」沒興趣）。

你還吃得下那塊油油的披薩嗎？可怕的景象、你心裡反胃的罪惡感……你會乾脆就把電視給關了？

我就是把電視給關了的那種人。

在這麼多邪惡、這麼多痛苦的世界裡，還能保持同情的純度，那可是一種天分呢。

問題六：你……最近一次真正傷心地哭，是什麼時候？

從來沒哭過。長大的男孩不哭。

好，MM，現在輪到我問你了：

反問一：你怎麼面對自己的「老」？我是說，做為一個有名的作家，漸漸接近六十歲……你不可能不想：人生的前面還有什麼？

反問二：你是個經常在鎂光燈下的人。死了以後，你會希望人們怎麼記得你呢？尤其是被下列人怎麼記得：一、你的讀者；二、你的國人；三、我。

反問三：人生裡最讓你懊惱、後悔的一件事是什麼？哪一件事，或者決定，你但願能重頭來起？

反問四：最近一次，你恨不得可以狠狠揍我一頓的，是什麼時候？什麼事情？

反問五：你怎麼應付人們對你的期許？人們總是期待你說出來的話，寫出來的東西，一定是獨特見解，有「智慧」、「有意義」的。可是，也許你心裡覺得「老天爺我傻啊——我也不知道啊」，或者你其實很想淘氣胡鬧一通。基本上，我想知道：你怎麼面對人家總是期待你有思想、有智慧這個現實？

反問六：這世界你最尊敬誰？給一個沒名的、一個有名的。

反問七：如果你能搭「時間穿梭器」到另一個時間裡去，你想去哪裡？未來，還是過去？為什麼？

反問八：你恐懼什麼？

Andreas

2006.09.20

第28封信

給河馬刷牙

親愛的安德烈：

我注意到，你很不屑於回答我這個問題：「你將來想做什麼」，所以跟我胡謅一通。

是你們這個世代的人，對於未來太自信，所以不屑於像我這一代人年輕時一樣，講究勤勤懇懇，如履薄冰，還是，其實你們對於未來太沒信心，太害怕，所以假裝出一種嘲諷和狂妄的姿態，來閃避我的追問？

我幾乎要相信，你是在假裝瀟灑了。今天的青年人對於未來，瀟灑得起來嗎？法國年輕人在街頭呼喊抗議的鏡頭讓全世界都驚到了：這不是六〇年代的青年為浪漫的、抽象的革命理想上街吶喊——帶著花環、抱著吉他唱歌，這是二十一世紀的青年為了自己的現實生計在煩惱，在掙扎。你看看聯合國二〇〇五年的青年失業率數字：

香港十五到二十四歲青年的失業率是九．七％，台灣是一〇．五九％，而數字不見得

2005年青年失業率

比利時	21.5%
芬蘭	21.8%
希臘	26.3%
波蘭	41.0%
西班牙	27.7%
美國	12.4%
澳洲	22.6%
法國	20.2%
義大利	27.0%
斯洛伐克	32.9%
英國	12.3%
德國	10.1%

精確的中國，是九％。你這個年齡的人的失業率，遠遠超過平均的失業率。巴黎有些區，青年人有四〇％出了校門找不到工作。

然後，如果把青年自殺率也一併考慮進來，恐怕天下做父母的都要坐立難安了。自殺，已經是美國十五到二十四歲青年人的死因第一位。在台灣，也逐漸升高，是意外事故之後第二死因。世界衛生組織的數據說，全世界有三分之一的國家，青年是最高的自殺群。芬蘭、愛爾蘭、紐西蘭三個先進國家，青年自殺率是全球前三名。

你刻意閃避我的問題，是因為……二十一歲的你，還在讀大學的你，也感受到現實的壓力了嗎？

我們二十歲的時候，七〇年代，正是大多數國家經濟要起飛的時候。兩腳站在狹窄的泥土上，眼睛卻望向開闊的天空，覺得未來天大地大，什麼都可能。後來也真的是，魔術一般，眼睜睜看著貧農的兒子做了總統；漁民的女兒，成了名醫；麵攤小販的兒子，做了國際律師；碼頭工人的女兒，變成大學教授；蕉農的兒子，變成領先全球的高科技企業家。並非沒有人顛沛失意，但我們真的是「灰姑娘」的一代人啊，安德烈，在我們的時代裡，我們親眼目睹南瓜變成金色的馬車，轔轔開走，發出真實的聲

音。

我身邊的朋友們，不少人是教授、議員、作家、總編輯、律師醫師、企業家科學家出版家，在社會上看起來彷彿頭角崢嶸，虎虎生風。可是，很多人在內心深處其實都藏著一小片泥土和部落——我們土裡土氣的、卑微樸素的原鄉。表面上也許張牙舞爪，心裡其實深深呵護著一個青澀而脆弱的起點。

如果有一天，我們這些所謂「社會精英」同時請出我們的父母去國家劇院看戲，在水晶燈下、紅地毯上被我們緊緊牽著手蹣跚行走的，會有一大片都是年老的蕉農、攤販、漁民、工人的臉孔——那是備經艱苦和辛酸的極其樸拙的臉孔。他們或者羞怯侷促，或者突然說話，聲音大得使人側目，和身邊那優游從容、洞悉世事的中年兒女，是兩個階級、兩個世界的人。

你的二十歲，落在二十一世紀初。今天美國的青年，要換第四個工作之後，才能找到勉強志趣相符的工作。在「解放」後的東歐，在前蘇聯地區的大大小小共和國，青年人走投無路。在先進的西歐，青年人擔心自己的工作機會，都外流到了印度和中國。從我的二十歲到你的二十歲，安德烈，人類的自殺率升高了六〇%。

於是我想到提摩。

你記得提摩吧？他從小愛畫畫，在氣氛自由、不講究競爭和排名的德國教育系統裡，他一會兒學做外語翻譯，一會兒學做鎖匠，一會兒學做木工。畢業後找不到工作，一年過去了，兩年過去了，三年又過去了，現在，應該是多少年了？我也不記得，但是，當年他失業時只有十八歲，今年他四十一歲了，仍舊失業，所以和母親住在一起。沒事的時候，坐在臨街的窗口，提摩畫長頸鹿。長頸鹿的脖子從巴士頂伸出來。長頸鹿穿過飛機場。長頸鹿走進了一個正在放映電影的戲院。長頸鹿睜著睫毛長長的大眼，盯著一個小孩騎三輪車。長頸鹿在咀嚼，咀嚼，慢慢咀嚼。

因為沒有工作，所以也沒有結婚。所以也沒有小孩。提摩自己還過著小孩的生活。可是，他的母親已經快八十歲了。

我擔不擔心我的安德烈——將來變成提摩？

老實說……是的，我也擔心。

我記得我們那晚在陽台上的談話。

那是多麼美麗的一個夜晚，安德烈。多年以後，在我已經很老的時候，如果記憶還沒有徹底離開我，我會記得這樣的夜晚。無星無月，海面一片沈沈漆黑。可是海浪撲岸的聲音，在黑暗裡

隨著風襲來，一陣一陣的。獵獵的風，撩著玉蘭的闊葉，嘩嘩作響。在清晨三點的時候，一隻蟋蟀，天地間就那麼一隻孤獨的蟋蟀，開始幽幽地唱起來。

你說，「媽，你要清楚接受一個事實，就是，你有一個極其平庸的兒子。」

你坐在陽台的椅子裡，背對著大海。清晨三點，你點起菸。中國的朋友看見你在我面前點菸，會用一種不可置信的眼光望向我，意思是——他他他，怎麼會在母親面前抽菸？你你你，又怎麼會容許兒子在你面前抽菸？

我認真地想過這問題。

我不喜歡人家抽菸，因為我不喜歡煙的氣味。我更不喜歡我的兒子抽菸，因為抽菸可能給他帶來致命的肺癌。

可是，我的兒子二十一歲了，是一個獨立自主的成人。是成人，就得為他自己的行為負責，也為他自己的錯誤承擔後果。一旦接受了這個邏輯，他決定抽菸，我要如何「不准許」呢？我有什麼權力或權威來約束他呢？我只能說，你得尊重共處一室的人，所以請你不在室內抽菸。好，他就不在室內抽菸。其他，我還有什麼管控能力？

我看著你點菸，翹起腿，抽菸，吐出一團青霧；我恨不得把菸從你嘴裡拔出來，丟向大海。可是，我發現我在心裡對自己說，MM請記住，你面前坐著一個成人，你就得對他像對待天下所有其他成人一樣。你不會把你朋友或一個陌生人嘴裡的菸拔走，你就不能把安德烈嘴裡的菸拔走。他早已不是你的「孩子」，他是一個個人。他就是一個「別人」。

我心裡默念了三遍。

安德烈，青年成長是件不容易的事，大家都知道；但是，要抱著你、奶著你、護著你長大的母親學會「放手」，把你當某個程度的「別人」，可也他媽的不容易啊。

「你哪裡『平庸』了？」我說，「『平庸』是什麼意思？」

「我覺得我將來的事業一定比不上你，也比不上爸爸──你們倆都有博士學位。」

我看著你……是的，安德烈，我有點驚訝。

「我幾乎可以確定我不太可能有爸爸的成就，更不可能有你的成就。我可能會變成一個很普通的人，有很普通的學歷，很普通的職業，不太有錢，也沒有名。一個最最平庸的人。」

你捻熄了菸，在那無星無月只有海浪聲的陽台上，突然安靜

下來。

然後你說，「你會失望嗎？」

海浪的聲音混在風裡，有點分不清哪個是浪，哪個是風。一架飛機悶著的嗡嗡聲從雲裡傳來，不知飛往哪裡。蟋蟀好像也睡了。你的語音輕輕的。這樣的凌晨和黑夜，是靈魂特別清醒的時候，還沒換上白天的各種偽裝。

我忘了跟你怎麼說的——很文藝腔地說我不會失望，說不管你做什麼我都高興因為我愛你？或者很不以為然地跟你爭辯「平庸」的哲學？或者很認真地試圖說服你你並不平庸只是還沒有找到真正的自己？

我不記得了，也許那晚葡萄酒也喝多了。但是，我可以現在告訴你，如果你「平庸」，我是否「失望」。

對我最重要的，安德烈，不是你有否成就，而是你是否快樂。而在現代的生活架構裡，什麼樣的工作比較可能給你快樂？第一，它給你意義；第二，它給你時間。你的工作是你覺得有意義的，你的工作不綁架你使你成為工作的俘虜，容許你去充分體驗生活，你就比較可能是快樂的。至於金錢和名聲，哪裡是快樂

的核心元素呢？假定說，橫在你眼前的選擇是到華爾街做銀行經理或者到動物園做照顧獅子河馬的管理員，而你是一個喜歡動物研究的人，我就完全不認為銀行經理比較有成就，或者獅子河馬的管理員「平庸」。每天為錢的數字起伏而緊張而鬥爭，很可能不如每天給大象洗澡，給河馬刷牙。

當你的工作在你心目中有意義，你就有成就感。當你的工作給你時間，不剝奪你的生活，你就有尊嚴。成就感和尊嚴，給你快樂。

我怕你變成畫長頸鹿的提摩，不是因為他沒錢沒名，而是因為他找不到意義。我也要求你讀書用功，不是因為我要你跟別人比成就，而是因為，我希望你將來會擁有選擇的權利，選擇有意義、有時間的工作，而不是被迫謀生。

如果我們不是在跟別人比名比利，而只是在為自己找心靈安適之所在，那麼連「平庸」這個詞都不太有意義了。「平庸」是跟別人比，心靈的安適是跟自己比。我們最終極的負責對象，安德烈，千山萬水走到最後，還是「自己」二字。因此，你當然更沒有理由去跟你的上一代比，或者為了符合上一代對你的想像

而活。

同樣地，抽菸不抽菸，你也得對自己去解釋吧。

M.M.

2006.12.01

讀者來信

龍女士：

原先我覺得安德烈不是一個真實的人，是您虛構的，每次看這個專欄，我都會思考一番安德烈的真實性。今天也不例外，不過，現在我有些相信他的真實性了，八五年出生，比我晚一年，在上大學。

當他說出對於家的感受時，我馬上有了共鳴。

我大四了，即將畢業，面臨著找工作。前兩天，媽媽打來電話說，不要太著

急，慢慢找，家裡又不是等米下鍋（土話，意思是，不等著我來掙錢養家）。聽到媽媽這樣說，我非常感動，眼淚就止不住了。春節在家時，媽媽也很為我的工作操心。我心裡甚感過意不去，要是我自己把工作的事情解決好了，也不會家裡人這樣替我操心。可媽媽說，父母替兒女操心是一種幸福，還說，不替你們操心替誰操心呢！所以今天看到您在文章裡寫到：「對我來說最重要的，安德烈，不是你有否成就，而是你是否快樂。」我就更加能夠理解我的媽媽了。以前，我總是想像自己將來如何有出息，如何孝敬父母，現在才明白只有自己真正過上快樂幸福的日子，父母親才能夠幸福。

現在，中國大學生就業形勢也很嚴峻。但總體說來，我們還能找到工作，只是這工作是否令人滿意就很難說了。其實我的很多同學，包括我自己，只要能有一份工作，我們就會很用心地去幹，很少想到自己是否真的喜歡和適合幹這份工作。在我們身上更多表現的是家庭責任。像我們的父輩一樣，我們更多表現的是隱忍。

當然，也要分很多情況。有些家境優越的同學，可能還沒有考慮到這些，他們似乎也還沒有學會這些（這種說法不太負責任，因為我也僅僅是就我自己看到的來發表看法）。當然也有很多家境優越的同學，他們很積極來承擔自己的責任。

就像您在「我這樣認識了廣州」中所描寫的：穿珠子的工人，眼睛都看不見了，但是工價卻很低。中國的情況很複雜。其實我想其他國家和社會也會有中國面臨的問題。

好了，今天寫到這裡。因為我不知接下去怎麼寫了

S．Y

龍教授、安德烈：

我是香港人，現在在美國一所大學教經濟學。三十多歲是個尷尬的年齡，好像清晨的三點鐘，既太早又太晚，不上不下。

我實在非常喜歡你們的通信，每一封信，好像都是為我而寫的。

我媽昨天來了一通電話。第一句話就是，「兒子，我的四百萬年薪在哪兒呀？」四百萬，是Goldman Sachs今年給的年薪。我媽當然是開玩笑，她指的是，我讀完學位時，GS曾經想聘我過去，但我婉拒了，因為我認為研究才是我的興趣，我也想在研究領域裡成名，而且，也夢想有一天能對香港做出巨大貢獻。

我媽只是在逗我，而且我知道她其實很以我為榮，但是，我自己反倒為錢耿耿於懷。我現在在一個學院教書，單身，每天案牘勞形，就為了寫學術報告。學校雖然很有聲望，但是，我的抉擇，對嗎？

我不知道。

K（美國）

MM：

您文中提到安德烈的抽菸問題，使我想起許多年前我帶領兩個兒子抽菸的一幕。那是一個清朗的春夏之交，早上我在前院撿到一個過路人隨手丟棄的香菸盒，準備撿來丟到自家垃圾桶去，發現裡面還有一支完整的香菸，於是對正在一旁嬉戲的四歲及五歲的兒子說道：「這裡面還有一支香菸呢，讓我們一起來

抽抽看。」兩人眼睛一亮，於是找來一盒火柴，三人並排坐在大門口台階上，就像電影裡銀幕上的大混混及小混混的調調兒，準備吞雲吐霧一番，多麼神氣活現！

坐定後，劃了四、五根火柴，嗆了好幾口菸，手忙腳亂一番，我終於把菸點著了。然後交給坐在一旁熱切盼望著的老大，同他說：「一定要用力吸，不然火頭就滅了，又要重新來過。」說得也是實情。他賣力地吸着，咳着，喘着氣，忙了幾轉，我說：「讓弟弟吸吸吧！」在一旁等不及的老二緊張又興奮地接過菸去，猛力地吸着咳着。每當他們想多喘一口氣時，我就提醒他們，火頭若滅了就要重新燃過。三人輪替搞了三、四回合之後，兩人想放棄了，說它「噁心」。我道：「還沒吸完呢，這就丟掉，不是太可惜了嗎？還有一大段還沒吸呢。來來來，再來，輪到你了。」到後來，兩人堅拒再吸，最後乾脆逃之夭夭。

晚上外子回來，我同他提到早上拾菸抽菸的事，兩個小傢伙不期而然地對著曾經吸了十年菸的爸爸發難問道：「爸爸，你怎麼那麼笨，你怎麼會喜歡抽菸的？」

我這兩個寶貝兒子經歷過一場刻骨銘心的抽菸之「樂」後，三十多年過去了，我從沒見他們再燃過一支菸，噴過一口霧。我這篇「野人獻曝」遲到了十七年，可愛的安德烈已經二十一歲，也許這「土法治菸」可說給您未來的媳婦們做參考。

您同安德烈之間的母子家信（以及任何您的文章）我從不會錯過，且常在企盼中，尤其是安德烈的信（莫吃味……）。做兒子的他居然能這麼有耐性地同您

長篇大論，實屬少見。您應合十感謝上蒼才對。我的小兒子在他高中快畢業那年，我提供他一點選系的建議時，他拍拍我的肩，對我笑笑道：「媽，你過你的人生，我過我的，好嗎？」

每一個孩子就是一本經，是為母者終身奉讀的經。這本經好不好讀，就看做母親的耐心、愛心、運氣及造化了。「風箏」即使放手飛了，這本經還是常留母親手中，還是會繼續讀下去，繼續牽掛下去。盼我們做母親的能互相勉勵，彼此保重，永不氣餒。

馬力（美國）

親愛的MM和安德烈：

我從不曾給作者寫信，但你們的信實在讓我感動。只讀第一段，心中就開始算：當我到MM的年齡時，老大十六歲，那時我有可能和他進行如此坦誠的對話嗎？他最近沒通過資優班的考試，哭著說，「那我只是個普通人嗎？」安德烈，你問你媽是否會失望，如果你變成一個最平庸的人——我想到我的兒子。

讓我真正掛心的是今年七歲的老二。前幾天，在晚餐桌上，他突然說，「人生沒意義，因為我們永遠在重複。」很「存在主義」吧。那晚，我在床上忍不住哭了。這孩子如此早慧，中國人相信，是要遭天妒的。

安德烈，你能理解母親的心嗎？我怕孩子太聰明傑出，我希望孩子平平安安，我無限牽掛……。我看得出你是一個很敏感、很有思想的人。如果將來我的孩子也能像你這樣反省人生，能這樣和母親溝通，我會十分驕傲。祝福你們。

JK（美國）

第29封信

第二顆眼淚

親愛的安德烈：

你知道莫斯塔（Mostar）這個城嗎？可能不知道，因為波士尼亞戰爭爆發，這個波士尼亞城市的名字每天上國際媒體時，你才七歲。戰爭打了三年，死了十萬人；戰事結束了，可是心靈的傷口撕開，最難縫合。雞犬相聞的平日鄰居突然變成燒殺擄掠強姦者，荒煙蔓草中挖出萬人塚，萬人塚中發現自己親人的屍骨，都是太恐怖的經驗，何以忘懷。我記得，當時人們最驚異的是，這種因族群而相互殘殺的屬於原始部落的仇恨，怎麼會發生在快要進入二十一世紀的當下，怎麼會發生在最以文明和文化自豪的歐洲？

我的感覺是，二十世紀發生過十二年納粹和十年文革這兩個文明大倒退之後，波士尼亞的族群相迫害，已經不能讓我驚奇了。我只是在想，當戰爭過去之後，普普通通的太陽堂堂升起的時候，同樣的人還得生活在同樣一塊土地上——他們的成人怎麼再抬起眼睛注視對方，他們的孩子又怎麼再在一個學校裡上課、唱歌、遊戲？

我的疑問，後來就「揭曉」了。九五年，你十歲那一年，和

平協定簽下了，可是莫斯塔這個城，裂為兩半。原來的少數塞維爾族被趕跑了，信天主教的克洛艾西亞族住在城西，信伊斯蘭教的波士尼亞族住在城東，中間隔著一個廣場。不同族群的人早上分別到不同的市場買菜，把孩子送到族群隔離的學校去上學，彼此避開路途相遇，晚上坐在家裡看各自的電視頻道。一個廣場隔開兩個世界，準備老死不相聞問。

所以我看到下面這條新聞的時候，確實很驚奇：莫斯塔人在他們的中心廣場上為李小龍的雕像揭幕。波士尼亞跟李小龍怎麼會有關係？

原來，當地有個作家，苦苦思索要怎麼才能打破僵局，讓廣場東西的人們重新開始對話，讓這個城市重新得回它正常的生活。他的主意是這樣的：找一個人物，這個人物是天主教徒和伊斯蘭教徒同樣熱愛又尊敬的，然後讓莫斯塔的藝術家為他塑一個銅像，放在廣場的中心。這個人物所喚起的集體記憶和情感，可以使城東和城西的人心為之軟，情為之動，逐漸願意握手。這個人物，就是李小龍。原來，在一兩代波士尼亞人的成長過程裡，不管是天主教還是伊斯蘭教徒，李小龍都是童年記憶所繫，在波士尼亞人的心目中代表了「忠誠、友愛、正義」等等美好的價

值。藝術家們在揭幕時說，他們盼望波士尼亞人會因為對李小龍的共同的熱愛而言和，也希望此後別人一提到莫斯塔這個城市的名字，不會馬上聯想到可怕的屠殺和萬人塚，而會想到：他們的廣場上站著世界上第一個李小龍的塑像。

這是一個公共藝術了，一個鍍了金色的李小龍雕像，在城市的核心。安德烈，你曾經質疑過，牆上掛著木雕天使是藝術還是Kitsch？那麼我問你，這個莫斯塔的雕像，是藝術還是Kitsch？

然後我想到另一個跟藝術碰撞的經驗。你記得去年我們一起去看「Sound of Music」音樂劇？它在香港被翻譯做「仙樂飄飄處處聞」，在台灣是「真善美」，風靡了全世界之後又迷住了整個亞洲。「Do-Re-Mi」的曲子人人上口，「小白花」（Edelweiss）的歌人人能哼。在英國，它流行到什麼程度你知道嗎？據說在冷戰期間，英國政府的緊急戰時措施手冊裡甚至說，如果發生核戰，BBC就廣播「Sound of Music」的音樂來「安定人心」。

我一直以為它風靡了「全世界」，到了歐洲以後才發現，這個以奧地利為場景，以德國歷史為背景的音樂劇或電影，德語世界的人們根本不太知道，大部分的人們，沒聽說過；大家以為是正典奧地利「民歌」的「小白花」，奧地利人沒聽過，它純粹是

為劇本而寫的百老匯創作歌。哈，我所以為的「全世界」，只是「英語世界」罷了。

三十年前看過電影版，現在舞台版來到了香港，是的，我很想看，想看看我三十年後的眼光是否仍舊會喜歡它，而且，我更好奇：你和飛力普這兩個德國少年，加上正在我們家中作客的奧地利大學生約翰——你們對這個百老匯劇會怎麼反應？

演藝中心擠滿了人。你一定不會注意到我所注意到的：很多人和我一樣——中年的父母們帶著他們的少年兒女來看這個劇。我猜想，其中一定有一個藏在心裡不說出口的企盼；中年的父母企盼他們的兒女，哪怕是一點點，能了解自己。當少年兒女知道父母被什麼樣的電影感動、為什麼樣的老歌著迷時，兩代之間可能又多了一點點體貼和容忍。還沒進場，中年的父母已經情不自禁哼起那熟悉的曲子，幕起的那一刻，他們又異樣的安靜，少年們古怪地回頭，好像第一次發現：原來父母也曾經少年過。不論是 Bee Gees 和 Brothers Four 的演唱會，或者是「梁山伯與祝英台」的舞台劇，我都看見這代與代之間的情感密碼，暗暗浮動，像巷弄裡看不見的花香。

我坐在你們三人後面，透過你們三個人頭看向舞台。幕起

時，掌聲雷動，你們不動，像三坨麵粉袋。歌聲繞樑，人們興奮地跟著唱「You are sixteen, going on seventeen」，麵粉袋往下垮了點。七個高矮不一有如音符高低的可愛孩子在舞台上出現時，香港觀眾報以瘋狂掌聲，你們把頭支在手掌上，全身歪倒。七個孩子開始依口令踏正步時，你們好像「頭痛」到完全支持不住了。當百老匯式的奧地利「山歌」開唱時，我彷彿聽見你們發出呻吟，不知是飛力普還是約翰，說，「Oh, My God !」

中場休息時，大家魚貫出場。我還沒開口問你們是怎麼回事，你已經帶頭說，「我們不要看下半場！」我也沒放過你們，問，「為什麼？是不是劇本以納粹為背景，你們覺得不舒服？」

「才不是，」你們異口同聲，然後你說，「媽，難道你不覺得嗎？是品味的問題啊，整個劇甜到難以下嚥，受不了的Kitsch，你能忍受這樣的藝術啊？」

奧地利的約翰一旁直點頭。飛力普說，「走吧走吧！」

於是我們離開了表演廳。哎，好貴的票啊，我想。

所以我想問你的是這個，安德烈：在你心目中，什麼叫Kitsch？你父親那一代德國人掛在牆上的木雕瑪麗亞和天使是藝術還是Kitsch？你的藝術家朋友拍攝電線桿和下水道加以技術處理，

是藝術還是Kitsch？李小龍的雕像，如果放在香港觀光商店的攤子上，和畫著一條龍的T恤堆在一起，可能被看做典型Kitsch，但是當他的鍍金雕像站在戰後波士尼亞的一個廣場上，被賦予當地的歷史意義和民族傷痕記憶的時候，同樣的雕像是否仍是Kitsch？或者，因為意義的嵌入，使得Kitsch得到全新的內在，因而有了藝術的力度？

你們三個小傢伙對「Sound of Music」的反應，讓我吃驚，也使我明白了為什麼美國音樂劇這個表演形式在歐陸一直流行不起來，用你的話來說，它放了太多的「糖」，太「甜」。但是我在想，可能太「甜」只是原因之一，更裡層是不是還有文化「簡化」的反作用？譬如，身為東方人，我從來就不能真正喜歡普契尼的杜蘭朵公主或蝴蝶夫人。並非「過甜」的問題，而是，它無可避免地把東方文化徹底「簡化」了，對生活在東方文化內的人來說，這種「簡化」令人難受。

哈伯瑪斯的學生，法蘭克福學派的阿多諾，曾經說，Kitsch就是緊緊抓住一個假的感覺，把真的感覺稀釋掉。昆得拉的說法更絕：

「Kitsch讓兩顆眼淚快速出場。第一顆眼淚說：孩子在草地

上跑，太感動了！第二顆眼淚說，孩子在草地上跑，被感動的感覺實在太棒了，跟全人類一起被感動，尤其棒！

使 Kitsch 成為 Kitsch 的，是那第二顆眼淚。」（《生命中不能承受之輕》）

我喜歡看孩子在草地上奔跑，散起的髮絲在陽光裡一亮一亮。你和飛力普幼小時，我常常從寫字桌抬頭往窗外看，看你們倆在花園草地上種黃瓜，抓蟋蟀，聽你們稚嫩的聲音，無端的眼淚就會湧上來。我簡直就是 Ktisch 的化身了，還好昆得拉說，那第一顆眼淚不是，第二顆才是 Kitsch。

2007.01.24

第30封信
KITSCH

MM：

經過一個辛苦的學期，我總算回到德國的家，度過三個禮拜的寒假。所謂家嘛，就是一個能讓你懶惰、暈眩、瘋狂放鬆的地方。要回香港之前，我跟朋友開車去了一趟慕尼黑。路卡斯在那裡上學，他去上課，我無聊，就自己逛到了現代美術館。館裡剛好有一個個人特展，展出藝術家叫 **Dan Flavin**。

事實上，路卡斯是要我根本不要去美術館的，他說那些展覽都「悶死人」。我實在沒事可幹，所以還是進去了，逛了足足兩個小時，只不過證實了他的話：悶死了。

這個個展佔據大概十個房間，每一個房間都塞滿了各形各色的霓虹燈管。剛進去時，你以為這燈不過是個有意思的背景吧，結果可不是，裡面還真的什麼都沒有。這些霓虹燈，就是展品本身。紅燈、白燈、綠燈，亮到不行，亮到你眼睛睜不開，簡直走不進房間裡去。我從一個展示間摸到另一個展示間，每個房間就展示牆上這些長長短短的霓虹燈！連走廊上都是紅燈綠燈。

我在強光中走到最中間一個房間，發現它跟其他房間隔絕，所以我好奇了。走進去，哇，你說裡面有什麼？整個房間罩著暗

暗的「黑燈」——也就是任何一個蘭桂坊的酒吧會用的那種照明方式，幽黑幽黑的。其他就什麼都沒有了。

離開美術館的時候，我一點也沒覺得自己受到藝術的什麼啟發還是「震盪」。俗語說，藝術因人的「眼光」而異。好吧，我的眼睛可真的是被這一個藝術展覽的強光射得七暈八素，現在一閉眼就看見光，真的產生「眼光」了！

你問我，莫斯塔的李小龍雕像是藝術還是 Kitsch，那我倒過來問你：李小龍雕像跟慕尼黑現代美術館那個個展比較，哪個是藝術？那堆霓虹燈，放在最高級的美術館裡正式展出，該是「藝術」了吧？可是它給了我的只有頭暈跟眼睛發疼。李小龍的雕像，還鍍了金，是 Kitsch 嗎？可是它很可能感動了人，使本來伸出手想打架的人反而握了手，這豈不是藝術的力量？

你說的「Sound of Music」那場演出，天哪，我當然記得。我對音樂劇本來就沒什麼興趣，這個什麼「仙樂飄飄」或「真善美」我在德國時連聽都沒聽說過。我們三個人中場就堅決要走，實在是因為受不了了。先是奧地利的「傳統服裝」，然後是奧地利「山歌」，然後是「小白花」所謂「民謠」，到後來連納粹都上戲了，實在是到了忍受底線。我也記得你問我們「為什麼」，

我也記得我們的回答：一個人能夠吞下 Kitsch 的量是有限的！這個百老匯劇把德國和奧地利的刻板印象發揮到極致，加「糖」到極致，我們快「膩」死了。

我們的反應其實不難理解。你想想看，把扮演中國人的演員放到舞台上，讓他們戴上斗笠，劃上兩撇山羊鬍子，褲管捲起來，站在水稻田裡，然後讓他們站在那裡唱美國人聽起來貌似中國歌的 Ching-Chang-Chong，請問你能不能連看兩個小時這樣的表演？你保證中場不離席？

藝術和 Kitsch 之間的界線確實是模糊的，我其實沒有資格判斷——算了，不跟你和稀泥。他媽的妥協。我就清楚給你一個我心目中的「Kitsch 排名前十大」清單吧！

一，「The Sound of Music」音樂劇：我此生絕不再看此劇。

二，磁器小雕像：尤其是帶翅膀的天使。

三，（自從我來到亞洲之後）毛產品：包括帶紅星的軍帽、寫「為人民服務」的書包，尤其是以毛主席的一隻手臂做為指針的各類鐘錶。

四，任何展示「愛國」的東西：尤其是美式的，含老鷹、星條、著制服的士兵等。

五，任何展示「宗教」的東西：你記得常常來按門鈴向我們宣教的那些什麼什麼「見證」的女人嗎？對，我指的就是她們拿出來的文宣品，永遠印著一個耶穌被一群膚色有黑有白的「多元文化族群」的小孩所圍繞。

六，受不了的「搞笑」袖衫：「Smile if you are horny, Fill beer in here」、「我很煩，群眾總是蠢的」……。如果還要我看見一個人穿著警察的袖衫而他其實不是一個警察，我就想逃跑。

七，勵志大海報及卡片：這種海報，一定有美麗的風景，寧靜的海啦，山啦，森林小徑啦，一定框個黑邊，然後寫著大大的主題：智慧、誠實、毅力、有恆、愛心……。

八，電視裡頭的肥皂劇，還有電視外面真實的人，可是他以為自己的人生是電視裡頭的肥皂劇：包括譬如你一定沒聽過的「OC↑」。這是全世界最流行的青少年肥皂劇之一，演一群有錢到不知道自己流油的加州少男少女。

九，美國鄉村歌曲：甜到不行。

十，你對我和飛力普的愛：母愛絕對是Kitsch……唉。

Andreas

2007.01.30

龍女士：

我在中國的《南方周末》上讀了你給兒子安德烈的信。安德烈對「Sound of Music」有很大的反應，你說可能太「甜」只是原因之一，更深一層是不是還有文化『簡化』的反作用。譬如，身為東方人，我從來就不能真正喜歡普契尼的杜蘭朵公主或蝴蝶夫人，這種「簡化」令人難受——你錯了，是你自己的錯。我們現在不但喜歡被普契尼「簡化」（他都被我們請去了太廟），我們還自己「簡化」自己呢。舉個大家都知道的例，今年的CCTV春節聯歡晚會，有檔節目是幾個娉娉裊裊的江南姑娘娉娉裊裊地撐著傘在江南娉娉裊裊的雨前、雨中、雨後娉娉裊裊地搔首弄姿，大官小資都說好；最近在莫斯科，大概是中國文化年的一部分節目「東方」時裝表演中，那幾個娉娉裊裊又出來了，這次是老毛子和我們一起屁顛了。

一個讀者（北京）

龍先生，您好！

想和您說說Kitsch。

那個晚上，是四月二十日，應該是個輕鬆的週末之夜，女兒卻照例吃過晚飯回到書桌做她的作業。我洗好碗坐到書房，翻開報紙，是您的那篇「第二顆眼淚」，看著忽然忍不住笑起來。

女兒抬起頭說：「老媽你笑什麼？」

「你知道『The Sound of Music』在香港翻譯成什麼？」

「什麼？」

「仙樂飄飄處處聞。」

「天哪，香港人！」

「台灣是『真善美』。」

「扯太遠了吧！」

她忍不住過來看，看到安德烈、飛力普不喜歡這個音樂劇，她覺得不可思議：「為什麼？我覺得挺好的，不過，真好玩，『小白花』，什麼『小白花』，他們怎麼翻的，我們翻得多好，『音樂之聲』、『雪絨花』，哎，香港人！仙樂飄飄處處聞，太好笑了！」我們忍不住又笑了。

她找來英譯辭典，找Kitsch，找Edelweiss，然後說：「我又學會一個罵人的詞了，Kitsch。」

「看清楚了，人家是指文藝作品。」

「沒關係，只要看到假正經，偽君子，裝模做樣，做作，虛偽……一律Kitsch。」

她還是不明白安和飛為什麼不喜歡「The Sound of Music」，「他媽媽應該讓他們看電影，舞台劇為了吸引人，肯定太吵了，而且肯定花里胡哨的。」

看到安說悶死人、膩死了。她說：「安一定是因為年齡的關係，因為處在憤世嫉俗的年齡，其實我也是，不過我連煩的時間都沒有，真可憐！」

我們正說著笑著，她爸爸在邊上大聲指責我：「別影響陳佳佳做作業，她可沒

時間跟你玩。」

她真的沒辦法輕鬆，第二天是中考英語口語預測，「五一」前要考完口語，一過「五一」就是中考體育考試，一模（第一次中考模擬考試），五月底二模，然後填報志願，六月十八、十九、二十就要正式考試了，每天都有做不完的作業。

第二天，我們去超市，我問：「你最 Kitsch 的東西是什麼？」

「我啊，最 Kitsch 的東西當然是共產黨了，你看看我們學校什麼三年規劃，三天就完了，騙人！總喜歡搞這些騙人的型式。還有啊，日本！」頓了頓，她說：「老媽，我是不是狹隘的民族主義者啊？」

沒想到她會說出「狹隘的民族主義」這個詞來，看看她，「是啊，過於狹隘了。」

「沒辦法，不過，只是對日本喔。」

第31封信

兩隻老虎
跑得慢、跑得慢

親愛的安德烈：

從電郵裡得知你爭取交換留學「落榜」了。我楞了一下。嗄？你「失敗」了？

第一個念頭：你失去了一個交換學習的好機會，太遺憾了。第二個念頭：二十一歲的你是否明白，你已經進入了人生競爭的跑道，跑得不夠快就會被淘汰？第三個念頭：嗯……你不說，但是一定很傷心。

「在人生競爭的跑道上，跑得不夠快就會被淘汰。」我細細咀嚼著這句突然冒出來的念頭，好像考卷打開猛然看見一個從沒見過的全新的考題，一時不知要從哪裡說起。

想起一件往事。你十歲那年進入初中時，我收到一紙學校的來信，讓家長帶新生去做音樂測驗。匆匆讀一下來信，我就帶你去了。音樂教室裡頭傳來鋼琴咚咚的聲音。我們坐在門外等候，你害羞地依著我。門打開，一個一臉雀斑的小男生跟著他的母親走了出來，手裡還抓著琴譜。

輪到我們走進去。一個高高瘦瘦的音樂老師坐在鋼琴旁。

他問你是否要彈鋼琴。你低著頭看地板，搖頭。

你有學鋼琴，但是你知道自己有多差。

他問你是否要拉小提琴。你低著頭看地板，搖頭。

老師說，「那……會唱歌嗎？」你又搖頭。

老師耐著性子說，「那……就唱『兩隻老虎』吧。」他轉向鋼琴。

你小小的的臉漲得紫紅，轉過來看我，眼睛帶著求饒的哀苦。伴奏的琴聲響起，你不得不張開嘴，開始喃喃唱，兩隻老虎……。

那是一個十歲的孩子，因為太緊張，因為太沒有信心，唱出的聲音就像用指甲逆向去刮刺黑板一樣令人渾身起雞皮疙瘩。你的聲音忽高忽低，一下子又突然斷掉，甚至連「兩隻老虎」的詞，都忘了一大半。那真是一場慘絕人寰的災難。

老師終於把鋼琴蓋關上，緩緩轉過來，看著我們，帶著一種奇怪的表情。

你站在那裡，小小的、瘦弱的身軀，低著頭，在那巨大而空蕩的教室裡。

回家後，我再把學校的信拿出來細讀，才發現，那信是說，如果你認為你的孩子有「特別傑出的音樂天分」，請來試音，可

以參加合唱團或管協樂團。

天哪，我做了什麼？

安德烈，你是否要告訴我，因為MM的過失，你從十歲起，就已經知道，什麼叫做「失敗」，知道「Loser」的味道不好受？你又是否學習到，如何做一個有智慧的失敗者，如何從四腳朝天、一敗塗地的地方，從容地爬起來，尊嚴地走下去？

我的「失敗啟蒙」是何時開始的？

MM在台灣鄉下長大，第一次進入一個大城市的所謂「好」學校，是十四歲那一年，從苗栗縣轉學到台南市。苗栗縣苑裡鎮是個中型的農村；它的初中，校園四周全是水汪汪、綠油油的稻田和竹林密布的清溪水塘。我們習慣赤腳在田埂間奔跑，撩起褲管在湍流裡抓魚。體育課，不外乎跑幾圈操場、打籃球、玩躲避球——就是一個人站在中間讓人家用球丟你，丟中了你就出局。在操場上奔跑時，你的眼角餘光看得見遠方水光的流轉，雪白的鷺鷥鳥像長腿的芭蕾舞女一樣在水田上悠悠地飛起。天空那麼大，山顯得那麼小。青草酸酸多汁的氣息、斑鳩咕咕溫柔的叫聲，總是和體育課混在一起的背景。

然後轉學到了聽說是台南市最好的初中——台南市中。校園

很小，樹木很少，操場被建築物緊緊包圍。第一天上體育課，我看見各種奇奇怪怪的「器材」：很長很長的竹竿、很重很重的金屬球、酷似海裡插魚的槍等等。我不認識任何一個人，也沒一個人認識我。突然被叫到名字，我呆呆站出去，茫茫然，不知要幹什麼。體育老師指著地上畫好的一個白圈，要我站進去——就是畫地為牢的意思。他要我拾起地上一個金屬球，要我拿起來，然後丟出去。

我彎腰，拿球——發現那球重得可以。然後用力把球甩出去。一甩出去，旁觀的同學一陣轟笑。老師說，「不對啦，再來一次。」

我不知道什麼地方不對——不是叫我丟球嗎？於是回到圓圈內，彎腰，拿球，丟球。又是一陣轟然大笑。老師大聲喊，「不對啦，再來一次。」

我不記得自己的眼淚有沒有憋住，只記得一旁的孩子們興奮莫名，沒想到今天的體育課那麼有娛樂性。

回到圓圈，拿球，更用力地丟球。老師暴喝，「不對啦，哪個學校來的笨蛋，連丟鉛球都不會！」老師跨進圓圈，抓住我的肩膀，說，「笨蛋，球丟出以後身體不可以超過圓圈，你懂不

懂？」

城市的孩子們笑成一團；他們沒見過不會丟鉛球的人。

十四歲的ＭＭ，不見得知道所謂「在人生競爭的跑道上，跑得不夠快就會被淘汰」，但是城鄉差距、貧富不均是什麼意思，永遠不會忘記。

有意思的是，這次的「失敗啟蒙」教給我的，不是「你以後一定要做那城市裡的人」，而是，「你以後一定不能忍受城鄉差距、貧富不均所帶來的不公平」。也就是說，「失敗啟蒙」給我的教訓，不是打入「成功者」的行列，而是，你要去挑戰、去質疑「成功者」的定義。

我收到很多讀者來信。有些，我還能簡單地回覆一兩句自己認為可能不是完全沒意義的話，更多的，除了謝謝之外，只能謙卑、沈默。生命的重，往往超乎我們的想像，說什麼都可能是虛矯的、致命的。下面是幾封信，與安德烈分享。

ＭＭ稍微敢回覆的：

親愛的ＭＭ：

未來是什麼？我要做什麼？答案是，我不知道。我畢業自台

大，留學過美國，有碩士學位，現在有一份工作，看起來一切正常，但是，沒有人知道我心中的恐懼。我每天準時上班，但是在工作上沒有任何成就感。我覺得，這個辦公室裡有我沒我一點差別都沒有。下班走在回家的路上，我又覺得，這個社會有我沒我也沒兩樣。

辦公室裡比我年長的人，顯得很自信、成熟，好像很清楚自己在幹什麼。比我年輕的人，顯得很有企圖心、很有衝勁，好像很清楚自己要什麼。只有我，徹底的「平庸」，沒有人會問我在幹什麼，沒有人對我有興趣，沒有人想跟我做朋友。我的老闆看不見我，我的同僚也對我視若無睹。可以說，他們完全不認識我，或說，我根本不讓他們認識我。

小時候寫作文「我的志願」，我就不知道要寫什麼，現在，我已經三十歲了，不再有人問我的「志願」是什麼，我仍舊不知道什麼才是有意義的人生；半夜驚醒，一身冷汗，黑夜裡坐起來，只有茫然和恐懼。

你問我有沒有壓力？有啊，我感覺到別人都在盡力表現，拚命向前。人生顯然就是適者生存的競爭跑道，我覺得很害怕。我還很年輕，前面的路看起來很長，所有的人都在快跑，你一個人

慢慢走，感覺很寂寞，心也很慌，好想隨時會被淘汰，丟棄。我也想變成眾人的一分子，跟著大家的速度跑步，可是……我很平庸，沒有自信……寫這封信，都讓我顫抖。

PM（台北）

PM：

設想一個跑道上，有人正在跑五千米，有人在拚百米衝刺，也有人在做清晨的散步。那跑五千米的人，看見那跑百米的人全身緊張、滿面通紅，心裡會「顫抖」嗎？不會的，因為他知道自己是跑五千米的。

那清晨散步遛狗的人，看見那跑五千米的人氣呼呼地追過來了，他會因而恐懼，覺得自己要被「淘汰」了嗎？不會的，因為他知道自己是來散步的。

你真的「平庸」嗎？其實要看你讓自己站在哪一條跑道上。如果你決定做那清晨散步的人，怎麼會有「平庸」的問題呢？會不會你的氣定神閒，你的溫和內斂，你的沈靜謙遜，反而就是你最「傑出」的人格特質呢？

MM

MM其實不敢回覆的：

龍博士：

我是香港人，今年二十五歲。

最近讀到你給安德烈的信「給河馬刷牙」，帶給了我難以撫平的思想震撼。你說給安德烈的說話，就像對著我說的一樣，我就像被當頭棒打，從混亂中突然清醒下來，回頭一看自身，頓時頹然……就像自己以往一直向著錯的方向走，雖然沒有因挫折而放棄自己的人生，卻是愈走愈錯。

「我也要求你讀書用功，不是因為我要你跟別人比成就，而是因為，我希望你將來會擁有選擇的權利，選擇有意義、有時間的工作，而不是被迫謀生。」這句話刺傷了我那潛藏的傷口，我正是每天在「被迫謀生」的痛苦中掙扎的人。

還不到十八歲的我，因為家庭環境不好，就輟學到一間小公司工作。數年之後，就是我媽媽過世的那年，我半工半讀考上了一所學院，可惜最終因為實在太累而放棄了。二十三歲的時候，我結婚了，我是為愛而結婚的，渴望擁有自己的家庭，而且以為，只要有一份固定的工作，扛起一個家是沒有問題的。可是，現在我才真正體會到現實生活的沈重，壓得我透不過氣，抬不起

頭，簡直無法呼吸。為了生活，所有的理想都不得不放棄，想再讀書，也只是一場虛妄的夢。我認識到自己的卑微，失敗，而且似乎將是永遠的失敗。

到今天才發現自己的將來沒什麼希望！叫我要怎麼面對自己，我還有希望嗎？希望在哪裡呢？

SS

SS：

大樹，有大樹的長法；小草，有小草的長法。這世上大部分的人，都是小草。你不是孤獨的。

MM

MM：

我讀了「給河馬刷牙」邊讀邊哭，足足哭了三分鐘。我不可克制地在檢查自己的靈魂：我每天在想什麼，在做什麼，說什麼，夢什麼，我所有的憤怒、挫折，我的傷心和失望……。好些年了，我覺得我一直沒法找到一種語言去表達或者釋放積壓在我心裡的感受，我覺得我一直在絕對的孤獨裡跟自己掙扎——一直到我讀了你的「給河馬刷牙」。

你對「平庸」的說法，使我心中湧上一股痛苦的感激。我是

一個結了婚的三十歲的女人。婚姻生活並沒有讓我覺得幸福，反而使我緊張、暴躁、不安。家務事瑣碎複雜，想到要生孩子更讓我充滿恐懼。丈夫回家往往累得倒頭就睡，我一個人要面對生活中所有的問題。我常覺得，我不是他的妻，我是要承擔一切重擔的媽。我發現自己每天都在一種緊張、混亂、無助、激動的情緒裡，對丈夫我不是在吼叫就是在哭。最好笑的是，我自己是一個社會工作者，專門協助情緒不穩定的兒童，輔導他們理解自己的情緒，調節自己的情感表達，可是我對自己的挫折，那麼無助。

我很想、很想知道，比我年長的女性如你，是不是也經歷過這個階段？二十一世紀的新女性，在她三十歲的時候，要怎麼做人生的種種決定？

婷婷

婷婷：

如果我說，是的，MM也經歷過這樣的痛苦和迷茫，你是否會覺得多一點力量呢？是的，我經歷過。而且，很多我的女性朋友們，不論她們現在如何「成功」，也都走過這樣的黑暗。

M.M

2007.04.04

讀者來信

龍教授：

我們應往哪裏去？年青的我們不是平庸，不是失敗，而是看不到現實的出路。

在你成長的時代，不論是身處台灣還是香港，只要努力和勤奮就不會有太差的回報。一個中學畢業生，憑著虛心學習和敢於抓著機遇的自信，不難成為老闆或管理階層，在社會的階梯上向上爬——那是因為那時大家的起點都低。

但我們這一輩，在全球化的洪流中，卻要跟世上所有的人競爭。在講求品牌和格調的消費市場，後進者多麼地無能為力。還有以往養尊處優的專業人士，一下子要跟內地和印度的人競爭……我們漸漸失去大聲表達的勇氣。

過往的教育令我們的價值包含自由、真理、平等，但現實的壓迫使我們在功能組別分組投票時，還是會選一個捍衛自己專業界別利益和這畸型選舉制度的候選人。或許我們對他的政治立場有意見，但他畢竟能保護我們的利益。「自私」被放在「平等」之上，可惜我們沒有太多選擇。

老師念的「先天下之憂而憂」本應要使我們爭取、抗爭，但經濟的緊張力早使我們失去大聲表達的勇氣。

工作害怕輸給印度和內地；投票沒有依照心裡的價值；「為天地立心，為生民立命」更像是午夜的夢話。這可能不是失敗，可能不是平庸，但足夠使我們覺得自己很遜。

年輕的一代，縱然受過了高等教育，卻茫然無法前進，快樂似乎是很遠很遠。我很茫然。

ＹＰ（台北）

第32封信

政府的手可以伸多長？

MM：

我抽菸。我知道你很討厭我抽菸，我也認為這是個很糟糕的習慣。大概十七歲那年開始的，但是究竟怎麼開始的，我也弄不清楚——因為朋友都抽所以抽？功課的壓力太大？太無聊？或者就是為了反叛——因為大人說它不好就偏要試。可能每個理由都多多少少有一點。反正結果就是，我上癮了。

我的菸友們其實都開始得比我早，大部分在十二、三歲的時候。還記得那個時候我是很討厭別人抽菸的，討厭那個氣味。最火大的是，大夥要出發到哪兒去時，總要等抽菸的那個傢伙在垃圾桶前把他的那支菸抽完才能走。其實到今天，我還是不喜歡抽菸這回事的：我的喉嚨總覺得不舒服，很容易感冒，衣服老有去不掉的菸味，我容易累，而且，肺癌還等著我呢。

可是，有什麼好說的呢？不就是我的自由意志選擇了抽菸，然後又缺乏意志力去戒掉它，明知它有害。原因是，每一支菸，是一個小小的休息和釋放。我喜歡離開我的書本，站到陽台上去，耳機裡聽著一首好聽的歌，看著海面上大船緩緩駛過——點上一根菸。當然還有那「快樂似神仙」的「飯後一根菸」，還有

電影鏡頭裡不能少的「性後一根菸」。一根菸，我想說，使美好的一刻完整了。

所以對我而言，明知抽菸不好，但那是一個個人的自由選擇。

最近，我的自由選擇被剝奪了。二〇〇七年一月一日零時，香港開始在公共場所禁菸。政府的說法是，為了防止二手菸危害不抽菸者的健康，禁菸的地點包括公園、餐廳、學校、酒吧……，當然包括了我的大學。

我一點也不意外。這正是兩年前我的德國高中發生的事情。你知道，德國法律規定，十六歲以上的人抽菸飲酒是合法的，所以大部分的高中都劃定了吸菸區，學生在那裡吸菸。但是二〇〇四年黑森州的文化部長推動校園禁菸，結果呢？我們必須多走五百米到校園外圍的人行道上去吸菸。我們同學裡沒一個人戒了菸，但是學校外圍那條人行道上從此滿地是菸蒂。

沒多久，全德國都要在公共場所禁菸了。所以，在禁菸的作為上，香港和德國是一樣的。但是我注意到一個根本的差別，那就是，在德國，公共場所禁菸令下來之前，社會有歷時很長、翻天覆地的辯論。香港卻沒有，政府基本上可以說做就做，而且，

香港政府好像有一種特異功能，只要是它想做的事情，都可以把它塑造成「萬眾一心」的樣子。香港政府簡直是個所向無敵的鐵金剛。

如果你問我，我是否對禁菸政策不滿？當然不滿，因為現在我必須繞很多路去抽一根菸。可是如果你問我，我認為禁菸政策對不對？我會說，沒辦法，當然對啦。我喜歡菸霧繚繞的小酒館或酒吧，因為那是一種迷人的氣氛。但是我完全贊成在餐廳裡禁菸，因為菸味會破壞了食物的香氣，我心甘情願走到餐廳外面去抽菸。

所以說來說去，公共場所禁菸對我不是問題。但是我想談的其實不是禁菸的政策或者香港強大的政府——因為，反正沒有普選，反正你拿政府沒輒。

我覺得奇怪的是香港的媒體——當然，我主要說的是兩家英文報紙。香港沒有民主，但是有自由，媒體的獨立跟批判精神，還是被容許的吧？公共場所應不應該禁菸，在德國媒體上起碼辯論了三、四年，學者、專家、評論家翻來覆去全民大辯論。香港媒體上也有一些討論，但是很少，很零星——而且，你知道嗎？香港的討論說來說去都停留在禁菸的「執行」層面：說抽菸族會

跑到人行道上去抽，說酒吧餐廳可以怎樣領到「准菸牌照」，說空氣污染會不會變好等等瑣碎細節。

可是我很少看見有什麼認真的討論是衝著「公民權」來談的。問題的核心反而好像沒人在乎：政府應不應該有這樣的權力去規範公共空間的使用？政府有沒有權利這樣高姿態地去「指導」人民的生活方式？在一個多元開放的社會裡，不吸菸的「大多數」有沒有權利這樣去壓制生活習慣不同的吸菸「少數」？

嚼檳榔的人，是否政府也該管呢？以此類推，不刷牙的人，用了馬桶不沖水的人，在公共場所放屁的人……是不是政府都要管呢？

我知道討厭菸的人很多，我也知道吸菸有害健康，我更知道禁菸可以帶來比較好的空氣環境。

但這不是重點，重點是，當一個如此侵犯個人空間，如此衝著弱小族群（吸菸族絕對是「弱小族群」）而來的法要通過時，你會以為，這個社會裡的自由派會大聲抗議，強烈反對，要求辯論。奇怪的是，一點都沒有。MM你告訴我，難道香港沒有「liberal」的存在嗎？我讀到的評論，簡直像中學生的作文：先幾句正面的，然後講幾句負面的，然後一個軟綿綿的、四平八穩的

總結。媒體的尖銳批判性，在哪裡啊？

這麼寫，會讓很多香港人跳起來。我其實一點也不想說德國多麼好——他們搞爛的事情可多了。可是就媒體而言，每個報紙都有它的批判立場，在公共場所禁菸這個議題上，保守的《法蘭克福匯報》和激進的《柏林每日新聞》就會有截然不同的鮮明立場。我訂過香港的英文《南華早報》，看了幾個禮拜以後就退報了。我要的是一份報紙，對於香港的事情有深入的分析和個性鮮明而獨立的評論，可是我發現報紙的內容多半也只是浮面報導而已，那我何不乾脆看看電視新聞就算了。

你大概要說，是因為長期的殖民，缺乏民主的環境和素養，所以會這樣。我想問的是，那改變要從哪裡開始呢？報攤上花花綠綠的雜誌報紙，大多是影星藝人的私生活揭露，不然就是飲食、賭馬跟名流時尚。

MM，如果媒體不維持一種高度的批判精神，一個社會是可以集體變「笨」的是不是？香港的媒體在做什麼呢？我看見很多香港人很辛苦地在爭取普選，可是媒體還是把最大的力氣跟錢花在影星八卦上。那些力氣那些錢，為什麼不拿來為香港的民主做點努力呢？提供公開論壇，激發公眾辯論，挑戰政府決策，培養

年輕人獨立批判精神……。老天，不要再討論禁菸區要多大、准菸牌照要多少錢，比這重要的事，太多了吧。

Andreas

2007.06.20

讀者來信

親愛的安德烈：

拜閱閣下大作，本人深感遇上空谷足音。但容許我把問題倒過來問：「到底個人可以享有多少決定自己生活方式的自由？」我的答案是：「當一定數量的個人認為他身為大眾的一分子有權決定別人的生活方式時，那怕只是少許的道德壓迫，都會轉化成公權力的強制，而令人們不能享有決定自己生活方式的自由。不一樣的自由也不可能實現。迴避這『慘劇』的方法只有一個，就是時刻提防決定別人生活方式的權力欲轉化成公權力的強制。」

數年前家母回港替我慶祝研究院畢業。在母系家族聚會中她們談論了某些家族成員的吸菸習慣。我剛巧在談論中途坐進她們一桌。未幾，家母將討論對象突

然轉到我身上，乘著鄙夷吸菸的氣勢問我有否吸菸。眾人換來的是一個接不下去的答案：「那麼貴！」這即時的答案縱然來得漫不經心，可是若然我能再答一次，我也會給出相同的答案。

我清楚知道，我母系那邊的人口結構造就了「向主流負責」而非「向自己負責」的慣性思維。我剛到手的學歷會成為家族權威以外干預生活的利器。要避免這利器被利用，我必須給出較像以個人選擇為主體的答案——個人開支預算。慶幸這關我能順利通過。可是同一時間我亦錯過了在有利位置建立母系讓自己「向自己負責」的空間。結局是我須在數月前的聚會中付出代價（也就是我第二個要舉出的經歷）。

事緣表弟會考完結，他讓自己晝夜顛倒地放縱在電腦世界。他的母親在聚會席間當面批評他只懂晝夜玩電腦。接著其他年紀較大的表弟由小至大逐一被問及使用電腦的習慣，逐一被標籤沉迷電腦。最後輪到從事行政的我。縱使使用電腦是日常工作的一大部分，在「使用電腦＝玩電腦＝晝夜顛倒＝沉迷」的主流思潮迅速形成的情況下我只能乖乖認栽，盡力含混過去。這兩個例子說明，若不主動建立「向自己負責」的空間，對主流的壓迫只能避得一時不能避得一世。

再看香港禁止公共空間吸菸的辯論。主張室內全面禁菸的固然大有人在，尋求吸菸者和非吸菸者權利平衡的「理想」界線亦不乏其人。最後，室內禁菸立法的結果大家有目共睹，不分左右，「關心市民健康」的一方大獲全勝。

容許我改寫令堂觸目驚心的名句：「有怎樣的人民，就有怎樣的政府。」成「有以道理干涉別人生活的人民，就有以道理干涉人民生活的政府，小眾永

遠首當其衝。」沒有普選的政府或會或好或壞地偏離人民平均所希望的干涉程度，有普選的政府更會準確地執行人民所希望的干涉。在禁菸議題上，以「Liberal」行事的人不是不存在，只是他們相對零星地在各華文報章出現。可惜，長久以來的反吸菸宣傳，輔以社會主流以干預為道德的實踐，守護吸菸者應有權益往往是逆巨流而行，事倍而功半。

你的讀者　直

第33封信

人生詰問

親愛的安德烈：

我今天去買了一個新手機。在櫃台邊，售貨員小伙子問我「您在找什麼樣的手機」，你知道我的答覆嗎？

我說，「什麼複雜功能都不要，只要字大的。」

他想都不想，熟練地拿出一個三星牌的往台上一擱，說，「這個字最大！」

很顯然，提出「字大」要求的人，不少。

你的一組反問，真把我嚇到了。這些問題，都是一般人不會問的問題，怕冒犯了對方。我放了很久，不敢作答，但是要結集了，我不得不答。

反問一：你怎麼面對自己的「老」？我是說，做為一個有名的作家，漸漸接近六十歲……你不可能不想：人生的前面還有什麼？

我每兩三個禮拜就去看你的外婆，我的母親。八十四歲的她，一見到我就滿臉驚奇：「啊，你來了？你怎麼來了？」她很高興。我照例報告：「我是你的女兒，你是我的媽，我叫龍應台。」她更高興了，「真的？你是我的女兒，那太好了。」

陪她散步，帶她吃館子，給她買新衣新鞋，過街緊緊牽著她

的手。可是，我去對面小店買份報紙再回到她身邊，她看見我時滿臉驚奇，「啊，你來了？你怎麼來了？」我照例報告，「我是你的女兒，你是我的媽，我叫龍應台。」她開心地笑。

她簡直就是我的「老人學」的 power point 示範演出，我對「老」這課題，因此有了啟蒙，觀察更敏銳了。我無處不看見老人。

老作家，在餐桌上，把長長藥盒子打開，一列顏色繽紛的藥片。白的，讓他不暈眩跌倒；黃的，讓他不便祕；藍的，讓他關節不痛；紅的，保證他心情愉快不去想自殺；粉紅的，讓他睡覺……。

老英雄，九十歲了，在紀念會上演講，人們要知道他當年在叢林裡作戰的勇敢事蹟。他顫顫危危地站起來，拿著麥克風的手有點抖，他說，「老，有三個特徵，第一個特徵是健忘，第二個跟第三個——我忘了。」

他的幽默贏來哄堂大笑。然後他開始講一九四〇年的事蹟，講著講著，十五分鐘的致詞變成二十五分鐘，後排的人開始溜走，三十五分鐘時，中排的人開始把椅子轉來轉去，坐立不安。

老英雄的臉上布滿褐斑，身上有多種裝備，不是年輕時的手

槍、刺刀、竊聽器，而是假牙、老花眼鏡、助聽器，外加一個替換骨盆和拐杖。

老人，上樓上到一半，忘了自己是要上還是要下。

老人，不說話時，嘴裡也可能會發出像咖啡機煮滾噴氣的聲音。

老人，不吃東西時，嘴巴也不由自主地蠕動，做吸食狀。

老人，不傷心時也流眼淚，可能眼屎多於眼淚。

老人，永遠餓了吃不下，累了睡不著，坐下去站不起來，站起來忘了去哪兒，記得的都已不存在，存在的都已不記得。

老人，全身都疼痛。還好「皺紋」是不痛的，否則……。

我怎麼面對自己之將老，安德烈？

我已經開始了，親愛的。我坐在電腦前寫字，突然想給自己泡杯茶，走到一半，看見昨天的報紙攤開在地板上，彎身撿報紙，拿到垃圾箱丟掉，回到電腦邊，繼續寫作，隱隱覺得，好像剛剛有件事……可是總想不起來。

於是你想用「智慧」來處理「老」。

「老」，其實就是一個敗壞的過程，你如何用智慧去處理敗壞？安德烈，你問我的問題，是所有宗教家生死以赴的大問啊，

我對這終極的問題不敢有任何答案。只是開始去思索個人的敗壞處理技術問題，譬如昏迷時要不要急救，要不要氣切插管，譬如自身遺體的處置方式。這些處理，你大概都會在現場吧——要麻煩你了，親愛的安德烈。

反問二：你是個經常在鎂光燈下的人。死了以後，你會希望人們怎麼記得你呢？尤其是被下列人怎麼記得：一、你的讀者；二、你的國人；三、我。

怎麼被讀者記得？不在乎。

怎麼被國人記得？不在乎。

怎麼被你，和飛力普，記得？

安德烈，想像一場冰雪中的登高跋涉，你和飛力普到了一個小木屋裡，屋裡突然升起熊熊柴火，照亮了整個室內，溫暖了你們的胸膛。第二天，你們天亮時繼續上路，充滿了勇氣和力量。柴火其實已經滅了，你們帶著走、永不抹滅的，是心中的熱度和光，去面對前頭的冰霜路。誰需要記得柴火呢？柴火本身，又何嘗在乎你們怎麼記得它呢？

可是我知道你們會記得，就如同我記得我逝去的父親。有一天，你也許走在倫敦或香港的大街上，人群熙來攘往地流動，也

許是一陣孩子的笑聲飄來，也許是一株紫荊開滿了粉色的花朵在風裡搖曳，你突然想起我來，腳步慢下來，又然後匆匆趕往你的會議。那時，我化入虛空已久。遺憾的是，不能像童話一樣，真的變成天上的星星，繼續俯瞰你們的後來。

可是，果真所有有愛的人都變成了天上的星星繼續俯瞰——哇，恐怖啊。不是正因為有最終的滅絕，生命和愛，才如此珍貴，你說呢？

再這樣寫下去，就要被你列入「Kitsch 十大」排行榜了。

反問三：人生裡最讓你懊惱、後悔的一件事是什麼？哪一件事，或者決定，你但願能重頭來起？

安德烈，你我常玩象棋。你知道嗎，象棋裡頭我覺得最「奧祕」的遊戲規則，就是「卒」。卒子一過河，就沒有回頭的路。人生中一個決定牽動另一個決定，一個偶然注定另一個偶然，因此偶然從來不是偶然，一條路勢必走向下一條路，回不了頭。我發現，人生中所有的決定，其實都是過了河的「卒」。

反問四：最近一次，你恨不得可以狠狠揍我一頓的，是什麼時候？什麼事情？

對不起，你每一次抽菸，我都這麼想。

反問五：你怎麼應付人們對你的期許？人們總是期待你說出來的話，寫出來的東西，一定是獨特見解。可是，也許你心裡覺得「老天爺我傻啊——我也不知道啊」，或者你其實很想淘氣胡鬧一通。基本上，我想知道：你怎麼面對人家總是期待你有思想、有智慧這個現實？

安德烈，一半的人在讚美我的同時，總有另外一半的人在批判我。我有充分機會學習如何「寵辱不驚」。至於人們的「期待」，那是一種你自己必須學會去「抵禦」的東西，因為那個東西是最容易把你綁死的圈套。不知道就不要說話，傻就不假裝聰明。你現在明白為何我推掉幾乎所有的演講、座談、上電視的邀請吧？我本來就沒那麼多知識和智慧可以天天去講。

反問六：這世界你最尊敬誰？給一個沒名的、一個有名的。

沒名的，我尊敬那些扶貧濟弱的人，我尊敬那些在實驗室裡默默工作的科學家，我尊敬那些抵抗強權堅持記載歷史的人，我尊敬那些貧病交迫仍堅定把孩子養成的人，我尊敬那些在群眾鼓譟中仍舊維持獨立思考的人，我尊敬那些願意跟別人分享最後一根蠟燭的人，我尊敬那些在鼓勵謊言的時代裡仍然選擇誠實過日子的人，我尊敬那些有了權力卻仍舊能跪下來親吻貧民的腳趾頭

的人……。

有名的？無法作答。從司馬遷到司賓諾沙，從蘇格拉底到甘地，從華盛頓到福澤諭吉，值得尊敬的人太多了。如果說還活著的，你知道我還是梁朝偉的粉絲呢。

反問七：如果你能搭「時間穿梭器」到另一個時間裡去，你想去哪裡？未來，還是過去？為什麼？

好，我想去「過去」，去看孔子時期的中國，而那也正是蘇格拉底時期的歐洲。我想要知道，人在純粹的星空下是如何做出偉大的思想的？我想走遍孔子所走過的國家，去穿每一條巷子，聽每一戶人家從廚房傳出來的語音，看每一場國君和謀士的會談；我想在蘇格拉底監獄的現場，聽他和學生及友人的對話，觀察廣場上參政者和公民的辯論，出席每一場露天劇場的演出，看每一次犯人的行刑。我想知道，在沒有科技沒有燈光的土地上，在素樸原型的天和地之間，人，怎麼做愛、怎麼生產、怎麼辯論、怎麼思索、怎麼超越自我、怎麼創造文明？

但是，我也想到未來，到二〇三〇年，那時你四十五歲，弟弟四十一歲。我想偷看一下，看你們是否幸福。

但是，還是不要比較好。我將——不敢看。

反問八：你恐懼什麼？

最平凡、最普通的恐懼吧。我恐懼失去所愛。你們小的時候，放學時若不準時到家，我就幻想你們是否被人綁走或者被車子撞倒。你們長大了，我害怕你們得憂鬱症或吸毒或者飛機掉下來。

我恐懼失去所能。能走路、能看花、能賞月、能飲酒、能作文、能會友、能思想、能感受、能記憶、能堅持、能分辨是非、能有所不為、能愛。每一樣都是能力，每一種能力，都是可以瞬間失去的。

顯然我恐懼失去。

而生命敗壞的過程，其實就是走向失去。於是，所謂以智慧面對敗壞，就是你面對老和死的態度了。這，是不是又回到了你的問題一？二十一歲的人，能在餐桌上和他的父母談這些嗎？

2007.07.14

第34封信

你知道什麼叫二十一歲？

MM：

老實說，你的答覆令我吃驚。你整封信談的是生命敗壞的過程——你的身體如何逐漸乾掉的過程。就是沒看見你說，隨著年齡你如何變得更有智慧，更有經驗，也沒說你怎麼期待「優雅變老」，寧靜過日。我以為你會說，老的時候你會很舒服地躺在搖椅裡，細細敘述你一生的偉大成就——你基本上不需要顧慮金錢或工作，家庭也都安樂，我以為像你這樣處境舒適的人談「老」，會滿閒適的。

所以，要感謝你啊，MM，消滅了我對「優雅地老」的任何幻想，給了我一籮筐可怕的對老的想像。

我沒想過二、三十年後的事，會讓我煩心的是未來兩、三年的事。有時候，我會想到人生的過程：先是，整個世界繞著你的爸爸媽媽轉，後來是，比比誰的玩具最好玩。玩具不比了之後，接下來話題就永遠繞著女孩子了。什麼時候，女孩子又不是話題了呢？我但願永遠不會。

我的意思是說，什麼時候開始，老天，我和朋友們談的不再是文學、足球、電影和偉大的想法了，我們談的是「私募股權投

資是不是好的行業」，我們談的是哪個公司待遇最好，誰誰誰和哪個上市公司老闆有交情。感覺上，我們好像又是蹲在沙堆裡玩耍的小孩，只不過，現在拿來比的不再是誰的爸爸媽媽最棒、誰家房子最大或誰的玩具最多。

不久前，我在上網的時候發現我從前的女朋友也在網上。好幾年沒聯繫了，我決定給她寫個幾行字，打個招呼。其實心裡還希望她最好不在，那就不要尷尬了，可是不幸的是，她就在，而且立即回應，而且話多得很。我們談了一會兒之後，她告訴我，她要結婚了，她和未婚夫正在找房子。我禮貌地問了一下她和他的認識經過什麼的，然後就匆匆結束了談話。

不是說我對她還有什麼不捨的感情，而是，我的感覺很奇怪。

可是，還沒完呢。上禮拜我收到一張照片：我的一個高中同學穿著白紗結婚禮服，那是她的婚禮。

我的錯愕，就和那天上網知道前女友結婚的感覺一樣：難道這就是了嗎？已經開始了嗎？我們不是剛剛還擠在煙霧繚繞的小酒吧裡高談闊論，為歌德的詩吵得面紅耳赤，不是剛剛才喝得半醉在大談我們的未來——怎麼現在已經在結婚、在成家了？

不會吧？不可能吧？

不是應該還有一個階段，我們開始談事業、結婚、家庭，怎麼有人已經開始身在其中了？那麼在事業、結婚、家庭的下一個階段，我們是否也要提早談關節酸痛、大小便失禁、替換骨盆和老年癡呆症了？

你知道我的人生處境嗎，MM？我其實已經在面對人生未來的壓力和挑戰——學業的和事業的。但是在家中，只要我和你仍住一起，我還得像一個十二歲的孩子一樣被看待。「你的房間好亂！」你說。「功課做完啦？」你問。「兩點了，該睡了吧？」你催。

你可能覺得我在誇張，對啦，但是，對不起，對我這樣一個二十一歲的歐洲人來說，這就是一個對待十二歲的小孩的態度。你不知道，歐洲的二十一歲代表什麼意思。

所以我的感覺就是，在外面我是一個要承受壓力的、獨立自主的成人，但是一踏進家門，我馬上變成一個「反叛期青年」。我有一個內部角色轉換：一邊在思索股票操作的最佳策略，一邊要對媽媽解釋為何昨晚凌晨五點才回家。跟你說真的，後者比前者還難。

但是我也找到了一種與你和平相處的方式。最怪異的，其實還是在學校裡。

我的亞洲同學，在我眼裡看起來是如此的稚嫩，難道他們的父母親對他們管得更多、更「保護」有加？我無法想像，但是我看到的是結果。我可以跟你講一千個例子，但是一、兩個就夠了。有一天約翰跟我到學生宿舍去，一推門，看見約翰的香港同學，一對男女朋友，正坐在床沿玩，怎麼玩呢？她手上抓著一隻小毛熊，他抓一隻小毛狗，兩人做出「超可愛」的喔喔嗚嗚聲音，推來推去，嘰嘰咕咕笑個不停，玩了很久，像兩個八歲的小孩。但是他們倆都是二十三歲。

上課時，譬如法文課，老師發一個音，學生覺得那個音好笑，就會集體發出那種小學女生發出的咯啦咯啦的笑聲。他們永遠用「可愛」的聲音說話，他們的身體語言也永遠是「可愛」的。我坐在其中，覺得自己很像一個一百歲的老人。

你懂了嗎，我就是在這幾種奇怪的情境中轉進來轉出去，心中對未來本來就有疑惑跟不安了，你還來告訴我「老」有多可怕？

Andreas
2007.07.23

第35封信

獨立宣言

親愛的安德烈：

你昨天的話是這麼說的：「ＭＭ，你跟我說話的語氣跟方式，還是把我當十四歲的小孩看待，你完全無法理解我是個二十一歲的成人。你給我足夠的自由，是的，但是你知道嗎？你一邊給，一邊覺得那是你的『授權』或『施予』，你並不覺得那是我本來就有的天生的權利！對，這就是你的心態啊。也就是說，你到今天都沒法明白：你的兒子不是你的兒子，他是一個完全獨立於你的『別人』！」

安德烈，那一刻，簡直就像經典電影裡的鏡頭，身為兒子的向母親做斬釘截鐵的獨立宣言，那飾演母親的，要不然就氣得全身發抖「刷」一個耳光打在兒子臉上，兒子露出愕然的表情，然後憤而奪門離去；要不然，母親愕然，然後眼淚潸潸而下，本來威武莊嚴的母儀突然垮了，慘兮兮地哭。

我也沒辦法應付這局面，安德烈，譬如你站在沙灘上，突然一個浪頭，天一樣高，眼睜睜看著它撲下來，你其實不知道躲到哪裡去，反正趴著躺著都會被擊倒。

你所不明白的是，你的獨立宣言，不僅只是美國對英國的獨

立宣言，那畢竟是同一個文化內部的格鬥；你的獨立宣言——不知怎麼我想到一個不倫不類的比喻——是尼日向法國宣布獨立，是古巴向西班牙挑戰，是甘地向英國說「不」。

你根本不知道大多數的亞洲母親是怎麼對待她們的兒女的。

你記不得你香港的數學家教？他是博士生了，談妥要來上班之前，還說要打電話回北京問他父母同不同意他做家教。你記不得大三的小瑞？她到台北和朋友晚餐，結束之後還打電話問她媽准不准許她搭計程車回家，結果電話裡的媽說計程車危險，她必須搭公車。你記不記得大二的阿芬？拿着暑期創意營的選課單，說傷腦筋，不知道她媽會不會同意她選她真正想要的課程。

這些，都是典型的鏡頭；我不是這樣的母親。

但是同時，我也看見二十一歲的女兒跟母親手挽着手親密地逛街，看見十八歲的兒子很「乖」地坐在母親身邊陪着母親訪友，跟母親有說有笑。

老實說，安德烈，我好羨慕啊。

但是，我不敢企求，因為，我也覺得，剛成年的人跟母親太親近、太「乖」，恐怕代表著他本身的人格獨立性不夠完整。我渴望和你們保持兒時的親密，但是又知道這是不可能的幻想。我

其實是一個非常不典型的亞洲母親了，而且還一直認真地在上你和飛力普給我的「課」。

飛力普和我在香港生活了兩年，從他的十四歲到十六歲。他對我和朋友們的談話議題興趣很濃。譬如和中國來的記者談中國問題，或者和美國記者談國際局勢，十五歲的他都會很專注地傾聽、提問，也談自己的看法。

有一天，一群朋友剛離開，他說，「媽，你有沒有注意到一個你的華人朋友的特徵？」

我說沒有。

他說，「就是，當他們要問我什麼問題的時候，他們的眼睛是看著你的，而且，就站在我面前，卻用第三人稱『他』來稱呼我。」

嗄？

我其實沒聽懂他的意思，但是我們接著做了一次實驗。就是觀察下一次朋友來的時候所做的舉動。結果是這樣的：

教授甲進來，我介紹：「這是中文系甲教授，這是我的兒子飛力普。」

他們握手。然後甲教授對著我問：「好俊的孩子。他會說中

文嗎？」

我說，「會，說得不錯。」

甲教授問，「他幾歲？」眼睛看着我。

我說，「十五。」

甲教授說，「他讀幾年級呢？」眼睛看着我。

我說，「你問他吧。」甲教授這才轉過去看飛力普。但是沒說幾句，又轉回來了，「他懂幾國語言啊？」

飛力普在一旁用偷笑的眼神瞅着我。

這個實驗發生了之後，我也變敏感了。記不記得，你剛到香港時生病了，我陪你去看醫生。我們兩人一起進去，你坐在醫生對面，我一旁站着。醫生看了你一眼，然後抬頭問我：「他哪裡不舒服？」我趕忙說，「請你問他。」

那時，你二十歲。

十六歲的飛力普，在我們做過多次的實驗後，曾經下過這樣的觀察歸納，他說：「媽，我覺得，差別在於，歐洲人是看年齡的，譬如在德國學校裡，你只要滿十四歲了，老師便要用『您』來稱呼學生。但是中國人看的不是年齡而是輩分，不管你幾歲，只要你站在你媽或爸身邊，你就是『小孩』，你就沒有身分，沒

有聲音，不是他講話的對象。所以他才會眼睛盯着你的媽或爸發問，由『大人』來為你代言。」

飛力普做這歸納的時候，安德烈，我這有名的社會觀察家，真的傻了。

此後，即使站在朋友身邊的孩子只有醬油瓶子那麼高，我也會彎下腰去和他說話。

飛力普給我另一次「震撼課」，是在墾丁。我們一大幫人，包括奶奶舅舅表弟表妹們，幾輛車到了墾丁海岸。大家坐在涼風習習的海岸咖啡座看海。過了一陣子，我聽見一旁舅媽問她讀大學的女兒咪咪，「要不要上廁所？」我也想去洗手間，起身時問飛力普：「要不要上廁所？」

你老弟從一本英文雜誌裡抬眼看我，說，「媽，我要不要上廁所，自己不知道嗎？需要媽來問？」

喔，又來了。我不理他，逕自去了。回來之後，他還不放過我，他說，「媽，咪咪二十歲了，為什麼她媽還要問她上不上廁所？」

嗄？

「第一，這種問題，不是對三歲小孩才會問的問題嗎？第

二，上廁所，你不覺得是件非常非常個人的事嗎？請問，你會不會問你的朋友『要不要上廁所』？」

我開始想，好，如果我是和詩人楊澤、歷史學者朱學勤、副刊主編馬家輝、小說家王安憶一起來到海岸喝咖啡，當我要去上廁所時，會不會順便問他們：「楊澤，朱學勤，馬家輝，王安憶，你要不要上廁所？」

飛力普看着我陰晴不定的表情，說，「怎樣？」

我很不甘願地回答說，「不會。」

他就乘勝追擊，「好，那你為什麼要問我上不上廁所呢？你是怕我尿在褲子裡嗎？」

我們之間的矛盾，安德烈，我想不僅只是兩代之間的，更多的，可能是兩種文化之間的。

我常常覺得你們兄弟倆在和我做智力對決，價值拔河。譬如你的中文家教來到家中，我看見你直接就坐下來準備上課；我把你叫到一旁跟你說，「安德烈，雖然你的家教只比你大幾歲，你還是要有一定的禮節：給他奉上一杯茶水，請他先坐。他離開時，要送客送到電梯口。」你顯然覺得太多禮，但你還是做了。

我也記得，譬如住在隔壁的好朋友陳婉瑩教授來到家中，

你看她進來，對她說了聲「嗨」，還是坐在椅子上讀報。我說，「不行，再熟她都還是你的教授，在中國的禮儀裡，你要站起來。」你也接受了。

我們之間，有很多價值的交流，更何況，德國的傳統禮節不見得比中國的少，歐洲社會對親子關係的重視，不見得比亞洲人輕，對吧？

可是昨天發生的事情，還是讓我難以消化，隔了一夜還覺得鬱結在心中。

你和飛力普到上海來做暑期實習，我也興高采烈地把自己的研究行程安排到上海來。一個做母親的快樂想像：母子三人共處一室，在上海生活一個月，多幸福。讓我來引導你們認識中國，多愉快。

我怎麼會想到，你們的快樂想像和我的剛好相反。

你說，「我好不容易可以有自己的獨立空間，為何又要和媽住一起？而且，難道以後我到某一個城市去工作了，做媽的都要跟著嗎？」

十八歲的飛力普，剛從德國降落，天真的眼睛長在一百八十四公分的身軀上，認真地說，「我不要你牽着我的手去

認識中國，因為你什麼都知道，什麼都安排得好好的，但是真正的世界哪裡能這樣。我要自己去發現中國。」

我聽見自己可憐巴巴的聲音說，「難道，連一個週末都不肯跟我去玩？青島？蘇州？杭州？」你們眼睛都不眨一下，異口同聲說，「媽，你能不能理解：我們要自己出去，自己探索？」

安德烈，我在面對你們的「歐洲價值」，心裡覺得徹底地失落。可是，轉念想想，你們倆，是否也在努力抵抗你們母親身上的某些「亞洲價值」而覺得「有點累」呢？

昨晚，我一個人去散步。從梧桐樹夾道的興國路一直走到淮海中路，月亮黃澄澄的，很濃，梧桐的闊葉，很美。我足足走了一個小時，然後叫車到你倆麗園路的住處，看見你們自己洗好的衣服襪子凌亂地散在沙發上。我想，「不行，我也不能幫你們清理家裡。」

在沈沈的夜色裡，飛力普送我到大馬路上搭車。他忍受我一個深深的擁抱，然後大踏步走到馬路的對岸。

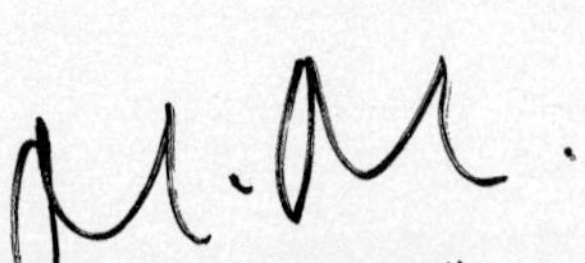

2007.08.24

給對話的兩代母子：

兩代之間的文化差異、個人主義的追求，在台灣是普遍的現象。但是能夠像您兩位彼此之間能夠對話，暢談觀點與立場，這種幸福不是每個家庭都有。更多的是如龍應台女士所言，「刷」一下就更加深打裂了彼此的關係，能夠像你們這樣書信往來溝通信念，是何其令人稱羨！只能，透過閱讀你們的文字，尋得一種也深陷其中的遙遠慰藉。

柚子（臺灣）

敬愛的龍女士：

身為一個亞洲的年輕媽媽，我自以為對孩子的教育方式是西式的、開放的，尊重他們是一個「個體」，但是我又無法除去自身血液裡中國傳統的部分，希望孩子最好聽我的，最好仰賴著我。還記得大兒子上幼稚園小班的時候，他不像別的孩子，一路哭進教室，反倒是他放開我的手，告訴我他要自己走進去，然後就頭也不回地舉起手向我 bye bye。看著他的背影，結果是我哭了，覺得這麼地不被需要，我想是我自己以為孩子是如此地需要我，其實不然吧！

國小一年級報到時，由於校舍老舊，本來放在心裡沒說的我，一聽到兒子也有同樣的想法時，我便向兒子開了口：不然我們轉回另一所國小去。兒子又出乎意料地回答：不用了，報名都報了。

我想我們家兒子長大後也會像安德烈一樣吧？雖然不是文化不同而產生兩代間的矛盾，也可能會因思維不同而產生歧見。

小女兒前幾天幼稚園開學，她也堅持要自己走進去，我心想又來了？

您的讀者

龍應台你好，

我是你在香港的忠實讀者，讀了你的「獨立宣言」，很感觸。

我的父母帶著我和兄長到加拿大移民生活，他們是很疼很疼我們，但將情感隱藏得深深的傳統中國式父母。那種重擔，那種責任，那種內疚，要把孩子壓得窒息。

對，你挑的朋友，你選修的科目，都要給他們預先批准。細緻到你擺放私人物品的方法，他們都要管，都要依他們的方法。在父母的管轄之下，孩子是失去了自己，幹什麼也是錯的，於是，你不敢去做選擇，於是你不敢獨立，於是你不知道自己真正需要的、喜歡的是什麼。

最痛苦的是，你不是不愛你的父母。你知道他們很愛你，但那種愛裡，沒有自由，沒有尊重，沒有犯錯的空間。

我於是離開家庭，出走回到香港，獨自一個人發展，跌碰，挫敗。

我像你的兒子一樣，發現要找一條出路，就是要把自己和父母用手術刀分割開來。狠狠地把他們視為獨立的「別人」，看清楚他們的優缺點，把兩代數十年的恩怨情仇稀釋了，才能找回我自己，才能找回自己的真正情感世界。

謝謝你，我會把你的文章轉交我的父母。我現在已三十二歲了，他們也是七十二歲的老人了，但我永遠永遠像一個小孩子。

YT

應台小姐與安德烈你們好：

我十八歲就自己背行李到英國生活了三個月，大學三年級在西班牙當了一整年的交換學生，大三讀完書之後，在回台灣之前認識影響我極大的前男友，一位西德人，於是乎搬到德國住了四個月才回台灣，連接著三年的相處，我的傳統保守家庭看待我，有時也就像是「外國人」一般。

母親也時常在跟我談話之間，常以「輩分」來教訓我。比方說做了什麼事不如她的意，她便會說：「我是媽媽耶！你怎麼可以用這種方式跟我說話。」媽媽最小的弟弟小她十一歲，大我十五歲，也就是我小舅，我們的關係就像好朋友一般，我會把心事跟他說。有一次我們一家人一起吃飯，本來都喝果汁的我們想倒紅酒喝喝，即便多次煩請服務生拿兩個新酒杯給我們，仍舊因為生意太好而被忽略，我再一次跟服務生要杯子的同時，小舅正準備用有殘留柳橙汁的杯子倒紅酒，我立刻跟他說：「你再等一下啦！這樣混著喝味道都不一樣了！」他繼續準備倒酒。情急之下我就跟他說：「你怎麼這麼固執啊！這樣待會兒味道都變了，怎麼喝啊！」媽媽立刻跟我說：「他是小舅，不可以這樣對小舅說話。」

小孩總會長大的！現在科技這麼發達，立即的聯繫如簡訊，電話（我媽媽就是被我逼得學會傳簡訊的呢！她化所有想我的思念成傳簡訊的力量！當然，我也

得努力回應她的簡訊！）稍微讓孩子有一點空間反而可以讓孩子獨立成長茁壯。反之，一直想保護孩子，恐怕換來的會是一個長不大的小暴君喔！

A・M

MM：

我是一位二十七歲的女生，也是一位國小老師～
話說……
我和我的母親的獨立抗爭
開始於養貓
其次是一段一個人的京都自助旅行
最後終結於考研究所

（養貓）二十三歲
父母親都在南投，我一個人和三個房客住在台北的房子
為期一年的教育實習開始於八月，但在九月就讓我對這份未來的工作失去信心
我開始養貓陪我……
母親很不高興……因為她討厭貓，也怕房客抱怨～
但我認為
房客可以換人，換成可以接受貓咪的
怎麼可以叫我去遷就房客呢？

這是哪門子的道理？
更何況
房客都是我面試進來的……
附帶一提……
我從大學三年級開始，就開始了包租婆的生涯
管理八間雅房……面試一堆需要找房子的上班族

（京都自助）二十五歲

帶了第一輪的小學高年級，畢業了～
兩年下來讓人身心俱疲
再者
這兩年來，每次出門都有男生規劃
久而久之，變殘廢……
身為一個從小學畢業就開始住校的我
已經看不下去自己這副德性
想想自己以前可以背包收一收就可以走人的
於是開始發憤圖強
上網訂民宿訂機票……買了兩三本京都旅遊書
一切底定之後……我向來先斬後奏～（哇哈哈）
出國前一個月才告訴了媽媽

她當然跳腳

不過我依然意志堅定！
還很冷淡地跟她說
你要跟我去？不行喔～我沒有買你的機票！
有啦～
唯一的妥協就是去遠傳辦日本國際漫遊
七天回來……超級高興的！
為什麼？
我若是不在這時候自己一個人自助
過了兩三年……我也不敢了！
勇氣很重要！
後來，一位移民美國的阿姨聽到我的做法
還挺稱讚的～

（研究所）二十七歲

大學畢業後，我先就業……
從小音樂班音樂系畢業的我
我不想再考音樂研究所（一個熟悉到令人噁心的圈子）
教書過程中……讓我決定大轉彎
這整個大轉彎……也是獨立抗爭的終結
三年的……讀書……報名……考試……落榜……
在第三年，決定六親不認的讀書後……

在今年終於考上研究所
很少打電話回家（寥寥可屬……一個月的電話費大概只有五十元）
很少回南投（半年一次……二月過年和八月父親節）
就是六親不認
這種事情
除了補習班的同學老師之外
沒有人能夠幫得上自己的忙
除了自己
也只有自己
僅僅簡單分享自己這五年來的心得
謝謝

愛文

應台姊：

我有三個兒子，老大十八，雙胞胎十四。在孩子還小，我每天忙得只能睡兩小時的時候，我問過我先生一個問題，如果有一種機器
把孩子放進去他就一直睡，也一直成長
他的智力、體能、性情都不會受影響
除非你打開機器，否則他就一直待在裡面，
你願意每天讓他出來多久？
他真的仔細思量了一下
半小時，他說。

需要補充的是，我先生是堅持不參與家事的人
他那時一天的睡眠是十小時，其他的時間他上班和追求知性上的成長，
他把自己放在一個自由自在的機器裡
的確每天只出來半小時，
檢閱他的家庭，
（你不能說他不關心孩子）

孩子慢慢成長，
到了他們能跟我對談人生的時候，
我告訴他們
爸媽老的時候不會跟你們住
你們好好過自己的日子
不需常常來看我們
我先生把我拉到一旁，正色說道
你不要把我也扯進去
我將來是要跟他們住的
我看著他，也很嚴肅地說
我是一定會阻止你的

我當然知道
你不會想黏住兩個兒子
（這年代除了我先生沒有人還敢這樣想了，哈）
我其實覺得你的兩個兒子都很幸運
能有你這樣一個再失落也願意反思的媽媽

只是我很希望你的思想能再寬一點、再遠一點，也再高一點……
想想在孩子還小的時候
為什麼我們大多數的人
都巴不得孩子能多睡一會兒，多自己玩一會兒
多到小朋友家待一會兒，上學時間長一點兒……？

因為那時的我們正值生命的巔峰
我們是成人，
我們對世界有了一些了解
同時也有自己的看法和意見
我們想闖，甚至想飛，
更想試試自己的斤兩，
世界在邀請我們
我們也摩拳擦掌，躍躍欲試，

有幾個人這時願意把世界關在外面，
降低了自己的高度
抱起膩在身邊不斷發出各種需求的幼兒，
一整天只是不斷餵食，不斷清洗？
但人生的弔詭就在這兒
當時急於想逃脫的，往往是現在追憶或追悔的

我從不跟我先生算帳
怪他當年沒有把屎把尿

因為那是他自己的損失
但我必須把關
不讓他干擾孩子的下一步

父母親面對孩子一輩子都有任務
孩子小時是餵食清洗，是全程陪伴
他們大了那個功課就是放手
任何一個階段都精采絕倫，
但都不可逆轉。

我們不能霸道或無知地以為
我們有權決定孩子出現在我們身邊的時段
我們要事業，要讓自己發光發亮的時候
就希望他們離遠一點，或乾脆離他們遠一點
我們打拚累了，煩了
就要求他們回到身邊，承歡膝下
事實上，做父母的本來就應該配合孩子的成長大計
但他們卻不需要顧及我們的人生規劃

我們誰沒有在養育孩子的過程中有過遺憾呢？
如果錯過了他們童年或青少年期的任何一段
何不謙卑的感恩，
幸好還有下一段。
然後給孩子他這個階段所需要的

當你的孩子發出了獨立宣言
恭喜你！
因為你成功地把他帶到了一個充滿挑戰和刺激的新鮮國度
他一如我們當年，
也發現了做為一個成人
面對世界的邀請，
那個摩拳擦掌、躍躍欲試的喜悅

在他還沒有家累，
沒有繁重的社會責任，
沒有慢性病的侵擾，
甚至沒有戀情的纏繞時，
能不能讓他一無顧慮，
豪情萬丈地衝鋒上陣
而你只是安分地做個啦啦隊員。
欣賞，鼓勵，支持，
中場時獻上節制的歡呼
但絕不跳下去干預、指揮，
甚至抗議他沒有注意到你？

有沒有想過德國，或很多其他的文化群體
把成年禮訂在十五甚至更小的年齡，
可能不是真覺得這些孩子已經成熟了
而是立意要喚醒矇懂的孩童，

那值得歡慶的巔峰就要來臨了，
你看到了嗎？

這個值得歡慶的成年期，
對你的兩個了不起的孩子（相信我，他們絕不平庸）而言，已經來到了
這段時期，和他們的幼兒期，學齡期，青春期一樣
都如黃金一般的珍貴
都需要你的成全

就送他們一篇放手宣言吧！
相信沒有人會寫得比你更好。

小魚

第*36*封信

偉大的鮑布·迪倫和他媽

MM：

別失落啦。晚上一起出去晚餐如何？下面是美國有名的音樂製作人描寫他跟鮑布．迪倫和迪倫的媽一起晚餐的鏡頭：

跟迪倫和他媽坐在一起，我嚇一跳：詩人變成一個小乖。

「你不在吃，小鮑比，」他媽說。

「拜託，媽，你讓我很尷尬。」

「我看你午飯就沒吃，你瘦得皮包骨了。」

「我在吃啊，媽，我在吃。」

「你還沒謝謝製作人請我們吃晚餐。」

「謝謝。」

「嘴裡有東西怎麼講話，他根本聽不懂你說什麼。」

「他聽懂啦，」迪倫有點帶刺地回答。

「別不乖，小鮑比。」

MM，你覺得好過點了吧？

Andreas

2007.08.25

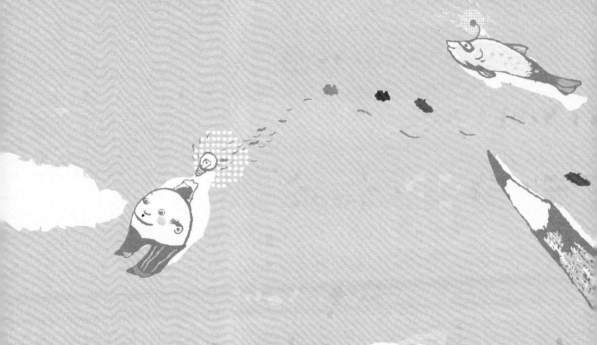

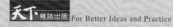

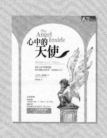

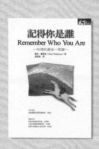

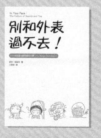

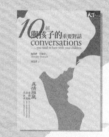

國家圖書館出版品預行編目資料

親愛的安德烈：兩代共讀的36封家書／龍應台、安德烈著.一第一版.

一臺北市：天下雜誌, 2007.10

面；　公分.一（世紀對話系列；1）

ISBN 978-986-6759-25-3（平裝）

856.186　　　　96019448

訂購天下雜誌圖書的四種辦法：

◎ 天下網路書店線上訂購：www.cwbook.com.tw
會員獨享：
1. 購書優惠價
2. 便利購書、配送到府服務
3. 定期新書資訊、天下雜誌網路群活動通知

◎ 在「書香花園」選購：
請至本公司專屬書店「書香花園」選購
地址：台北市建國北路二段 6 巷 11 號
電話：（02）2506 － 1635
服務時間：週一至週五　上午 8：30 至晚上 9：00

◎ 到書店選購：
請到全省各大連鎖書店及數百家書店選購

◎ 函購：
請以郵政劃撥、匯票、即期支票或現金袋，到郵局函購
天下雜誌劃撥帳戶：01895001 天下雜誌股份有限公司

* 優惠辦法：天下雜誌 GROUP 訂戶函購 8 折，一般讀者函購 9 折
* 讀者服務專線：（02）2662-0332（週一至週五上午 9：00 至下午 5：30）

世紀對話系列 001

親愛的安德烈
兩代共讀的36封家書

作　　者／龍應台、安德烈
主　　編／蕭錦綿
封面、美術設計／李男工作室
攝　　影／黃明堂
責任編輯／王慧雲

發 行 人／殷允芃
出版部總編輯／金玉梅
出 版 者／天下雜誌股份有限公司
地　　址／台北市104南京東路二段139號11樓
讀者服務／（02）2662-0332　　傳真／（02）2662-6048
天下雜誌GROUP網址／ http://www.cw.com.tw
劃撥帳號／01895001天下雜誌股份有限公司
法律顧問／台英國際商務法律事務所．羅明通律師
印刷製版／中原造像股份有限公司
裝 訂 廠／政春股份有限公司
總 經 銷／大和圖書有限公司　　傳真／（02）2988-6128
出版日期／2007年10月22日第一版第一次印行
定　　價／300元

書號：BCCD0001P
ISBN：978-986-6759-25-3（平裝）

感謝香港天地圖書公司及龍應台提供封底和部分內頁照片

天下雜誌
觀念領先